자존감을 높이고 스스로 공부하게 하는 소통의 대화법

우리 아이는 왜 공부를 안할까요?

ANATA NO KODOMO WA NAZE BENKYOU SHINAIKA
ⓒ TETSUTO KITA 2008
ⓒ KEIKO YUMURA 2008
Originally published in Japan in 2008 by MANABILINK INC.
Korean translation rights arranged through TOHAN CORPORATION,
TOKYO and B&B AGENCY, SEOUL.

Korean edition is published by arrangement with b&b Agency, Seoul.
Korean Translation copyright ⓒ 2011 by SJsoul, Inc.

이 책의 한국어판 저작권은 B&B Agency를 통해
마나비링크와의 독점계약으로 (주)SJ소울에 있습니다.
저작권법에 의해 한국 내에서 보호를 받는 저작물이므로 무단전재와 무단복제를 금합니다.

자존감을 높이고 스스로 공부하게 하는 소통의 대화법

우리 아이는 왜 "공부를 안할까요"?

키타 테츠토 지음 | 유무라 케이코 그림 | 유경 옮김

● **프롤로그**

지금과는 전혀 다르게 생각하고 행동해라

나는 중학생 때 야구를 굉장히 좋아하는 학생이었다. 다들 집으로 돌아간 조용한 학교 운동장에 남아 홀로 배팅 연습을 하면서 프로야구 선수가 되겠다는 야무진 꿈을 이루기 위해 끊임없이 연습에 매달렸다.

고등학교에 입학하면서 꿈에 그리던 야구부에 들어갔다. 야구부에서 기초 훈련을 시작하면서 오랫동안 애쓰며 연습해 오던 내 자세에 문제가 많음을 발견했다. 그때까지 내가 최선을 다해 연습한 야구 자세는 오히려 안 하는 편이 훨씬 나을 정도로 문제투성이였다.

야구방망이를 아래에서 위로 휘두르는 어퍼스윙(upper swing), 잘못된 궤적을 그리는 방망이 회전 등을 개선해야 했다. 죽도록 혼자 연습했던 이전보다 더 많은 시간을 투자하면서 자세를 바꾸기 위해 훈련했다.

우리는 가끔 이런 생각을 한다. '그래도 안 하는 것보다 하는 게 낫지 않을까?' 나도 그랬다. 그러나 야구 자세 교정을 하면서 하지 않는 편이 오히려 나을 뻔 했다고 생각했다. '바른 자세와 바른 이미지'를 통해 연습을 반복해야 가장 빠르게 성공적으로 원하는 결과를 얻을 수 있기 때문이다.

'바르지 않은 이미지를 반복'하는 일은 오히려 하지 않는 편이 나은 경우이다. 공부도 그렇다. '공부에 대한 긍정적 이미지'를 스스로 몸에 익히면서 학습량을 늘려야 한다. '싫다! 괴롭다! 큰일이다! 제발 안 했으면 좋겠다!' 이런 부정적인 이미지를 강하게 느끼는 상태에서 많은 시간을 투자해 공부하는 방식은 실패로 가는 지름길이다.

학습량을 늘리면서 학습 효과를 높이기 위해서는 우선 공부에 대한 스트레스를 없애야 한다.

"우리 아이는 공부를 전혀 하지 않아요. 잠깐이라도 책상에 앉아 공부하도록 도와주고 싶어요"라고 생각하시는 아버지, 어머님들!

방법은 이것이다.

지금과는 전혀 다르게 생각하고 행동하시라.

"자신감이 그 무엇보다 중요하다!"

"공부 잘하게 하려면 먼저 아이와 유기적인 소통을 해라!"

- 키타 테츠토 -

● 여기서 잠깐! – '고베세미나' 키타 테츠토 교장 인터뷰

'고베세미나'는 '고등학교 중퇴, 명문대학 합격!'이라는 선전 문구로 유명한 예비학교(대안학교)이다. 다니던 학교를 중퇴하여 공부에 대한 자신감을 상실했지만 한 번 더 도전해서 명문대학에 입학하려는 학생이 많은 게 특징이다. 학생들 중에는 중학교 때부터 등교를 거부했던 학생도 상당수 있다.
　키타 테츠토 교장은 '자신감이 그 무엇보다 중요하다!'라는 방침으로 심리학적 입시 지도를 한다.
　고등학교를 중퇴했던 학생들이 명문 사립대학은 물론, 유명한 국립대학에 합격하는 훌륭한 성적을 거두고 있다.

01 '고베세미나'의 교육 철학은?

　학부모와 학생에게 밝은 웃음을 되찾게 해 주는 것이 바른 교육입니다. 고베세미나에서는 학생들의 자신감을 되찾으면서 얼굴에 생기가 돌게 만드는 일을 최우선으로 하는 심리학적 입시 지도를 하고 있습니다.

02 '고베세미나'의 교육 방식은?

- 일반 학교나 학원처럼 일방적으로 지식과 공부법을 알려주지 않습니다. 심리학이나 카운슬링의 기술 등을 통해 학생이 자신감을 찾을 수 있도록 노력합니다.
- 고교생, 고교재적생, 고교중퇴생이나 등교거부학생 등 코스를

나누어서 각 학급에 맞는 학습을 진행합니다.
- 기초부터 명문대 진학에 필요한 학습까지 선택해서 공부하게 합니다.

03 한국에서도 대안학교에 대한 관심들이 많아지고 있는데 일본의 분위기는 현재 어떠한지 궁금합니다. 선생님께서 생각하시는 '학교란 무엇인가' 요?

- 일본에서도 1990년대부터 대안학교에 대한 중요성이 대두되었고, 대안학교들이 다양한 방면에서 조직적으로 도움을 주고받고 있습니다. http://stepup-school.net/ 이 사이트에서 다양한 대안학교들의 정보를 얻을 수 있지요.
- '학교란 무엇인가'에 대한 질문에 답을 하기란 무척 어렵습니다. 또한 단적으로 이를 설명하기도 힘들 것 같습니다. 본인도 오랫동안 교육계에 몸을 담아오면서 수많은 시행착오를 거듭해 왔습니다.

하지만 아이들에게 제일 중요한 것은 '자신감'을 심어주고 그러기 위해서는 부모와 선생님과의 '유기적인 소통'이 반드시 필요하다고 생각합니다.

- 고베세미나 주소 http://www.kobeseminar.ac.jp/
- 교장 블로그 주소 http://kobeseminar1.seesaa.net/

※ 본 내용은 한국 독자들의 이 책에 대한 이해를 돕기 위해서 키타 테츠토 교장과 이메일을 통해 진행한 인터뷰 내용입니다.

● 옮긴이의 글

내 아이와의 진심어린 소통이 필요하다

고베세미나와 키타 테츠토 교장은 방송과 신문 인터뷰 소개로 일본에서 이름을 알렸습니다. 고베세미나는 틀에 박힌 학교 교육 문제와 청소년 문제로 오래 전부터 곪아버린 일본 교육계에 신선한 충격 그 자체였습니다.

명문대 부속 유치원을 보내려고 밤잠을 설치는 유치원생 학부모부터 사교육에 돈을 쏟아가면서도 매번 자녀의 학업 성적을 걱정하는 초등학교 학부모까지 일본 학부모들도 자녀교육이라면 한국 학부모들과 별반 다르지 않습니다. 또 집에 처박혀서 등교도 거부하고 하루 종일 컴퓨터만 하는 학교생활에 적응하지 못하는 자녀의 부모들도 많습니다.

일본도 학벌을 중요시하는 사회 풍토가 짙게 풍겨나는 문화입니다. 문제아부터 우수한 자녀를 둔 학부모들까지 모든 부모들은 자녀가 스스로 공부해서 명문대에 들어가고 다른 사람보다 우수한 조건에서 사회생활을 시작했으면 하는 바람이겠지요. 고베세미나는 열악한 분위기의 일본 교육환경 속에서 모든 부모들이 가슴 깊이 품은 바람을 담은 청소년 대안학교입니다. 강제적으로 학생에게 공부를 시키거나 획일적으로 가르치려고 애쓰지 않습니다. 사실 이런 모습은 여타 대안학교와 많이 다르지 않은 특색이라고도 생각하기 쉽지요.

고베세미나는 이런 대안학교 모습에서 한발 더 나아가 전문적인 심리학과 카운슬링을 통한 학습 지도 방법을 제시하면서 평범한 학교교육에서 공부 방법을 찾지 못했던 학생들에게 새로운 해법을 제시하고 있습니다.

공부하라는 잔소리보다 먼저 '왜 공부를 해야 하는가' 에 대한 목표 설정을 할 수 있도록 도와주고 자신감을 불어넣어주면 그때부터 자기주도적 학습을 시작할 수 있습니다.

공부를 잘하기 위해서는 '자신감이 그 무엇보다 중요하다' 라는 키타 테즈토 교장의 강한 메시지처럼 아이와의 진심어린 소통을 통해 자존감과 행복지수를 높일 수 있도록 우리 모두 노력해야겠습니다.

이 책에 나와 있는 소통의 대화법을 통해 하루 10분씩이라도 내 아이와 진심으로 소통할 수 있는 소중한 시간을 만들어 보시기 바랍니다. 지금 당장 아이의 손을 잡아 보세요!

- 유 경 -

● 차례

프롤로그 – 지금과는 전혀 다르게 생각하고 행동해라 • 4
여기서 잠깐! – 고베세미나 키타 테츠토 교장 인터뷰 • 6
옮긴이의 글 – 내 아이와의 진심어린 소통이 필요하다 • 8

공부 스트레스는 날려 버려라

성적 향상을 위해서는 공부 스트레스를 줄이자 • 15
공부에도 종류가 있다 • 28

15세를 넘긴 자녀의 행동은 절대 바꿀 수 없다

10세까지의 아이는 순수하다 • 41
10~15세 사춘기부터는 부모의 말을 신뢰하지 않는다 • 49
15세를 넘긴 자녀는 더 이상 내 아이가 아니다 • 51
사례 연구: 엄마 마음에는 영원한 아홉 살 아들 • 56

행동을 변화시키는 방법을 프로에게 배우자

아이와 좋은 관계를 형성한다 •65
관계를 형성하는 데에는 긍정적인 태도가 필요하다 •77
말보다는 표정이나 분위기에 강한 전달력이 있다 •91

아이와의 소통이 필요하다

Q&A 형식으로 들여다보는 우리 아이 심리 상태 •101

아이의 자존감을 높이는 언어사용설명서

자존감을 높이고 스스로 공부하게 만드는 대화법 •129

에필로그 •148

1
공부 스트레스는 날려 버려라

★★★
자녀가 공부에 대해서 긍정적인 이미지를 가지고 있다면
스스로 공부하게 될 것이다.
조기교육과 유아교육의 의미는 흥미와 관심을 가질 수 있도록
도와주는 데 있다. "굉장히 잘 하는구나!"라고 칭찬함으로써
자신감을 갖게 하는 것이 무엇보다도 중요하다.

성적 향상을 위해서는
공부 스트레스를 줄이자

공부 스트레스 해소는 곧 성적 향상

바늘구멍처럼 좁은 관문을 자랑하는 명문대학 합격 수기에는 "코피를 쏟을 만큼 공부했다", "눈이 충혈될 정도로 노력했다"라는 내용이 종종 등장한다.

　명문으로 불리는 대학이나 의대에 합격하는 사람은 매일 14시간 가량 입시 공부를 했다고 한다. 주말에도 쉬지 않고 공부한 사람도 많다. 여기서 잠깐 생각해 보자.

　명문대학에 합격하는 사람은 이를 악물고 최선을 다하고 놀고 싶지만 유혹을 이기고 공부한다. 다만 사람이 14시간이나 지속되는 스트레스를 참아낼 수 있는 존재인가 말이다. 육체적, 정신적으로 엄청난 스트레스를 받는 상황에서 긍정적 학습 효과를 기대할 수 있느냐는 의문이다.

　그러나 우수한 성적의 학생들은 "공부를 해도 피곤하지 않다", "공부에 스트레스를 느끼지 않는다"라고 대답한다.

중학교에 갓 입학한 학생 A와 B를 보자. '조금 요령이 좋은' A는 1학년 때부터 영어를 요령껏 외운다. 수학에서 조금 좋은 성적을 받는다. 성적이 좋은 A에 대하여 주위(선생님이나 학부모)의 반응은 칭찬 일색이다. 당연히 공부나 성적에 그다지 간섭을 하지 않는다.

이와 달리 '요령이 좋지 않은' 혹은 '암기 기술을 몸에 익히지 못한' B는 중간고사나 기말고사에서 그다지 좋은 점수를 받지 못한다. B에 대하여 주위 사람들은 어떤 반응을 보일까? "공부 좀 열심히 해라!", "좀 더 집중해서 공부에 매진해야지!", "동아리 활동은 좀 그만하고 공부나 해라!", "그러다 좋은 고등학교에 못 가면 어쩌려고 그러니?" 등 공부뿐만 아니라 동아리 활동이나 게임, 인터넷 등 모든 일에서 잔소리를 듣게 될 가능성이 많다.

A와 B에게는 중학교 생활, 학습, 자기 자신의 능력에 대한 이미지가 변해간다. A는 좋은 컨디션을 유지하면서 자신감 있게 행동하고 말하게 된다. 반면, B는 공부 이야기가 나오는 것이 싫어지면서 부모님의 걱정을 잔소리로 받아들이면서 자신감을 잃어갈 것이다.

입시 공부를 본격적으로 해야 하는 중학교 3학년이 되었다. A는 '나는 할 수 있어! 내가 진학하고 싶은 고등학교를 목표로 공부하자!', '조금만 분발하면 원하는 학교에 합격할 수

있어!' 라고 자신감을 갖고 공부에 임할 것이다.

한편 B는 '공부를 해도 성적이 오를 리가 없어', '합격 가능성이 있는 고등학교가 어딜까?'라고 생각하면서 좀처럼 공부에 집중하지 못한다. 또 자신이 없기 때문에 공부해도 좋은 결과가 나오지 않을지도 모른다는 불안감을 느낀다. 당연히 공부 따위는 하고 싶지 않다.

부모는 "지금이라도 제대로 공부하지 않으면 앞으로 고생한다", "A를 봐라. 저렇게 열심히 하잖아. 좀 닮아봐라!", "네 성적이 떨어지는 이유는 노력을 하지 않아서야!" 하고 질타한다. B는 스트레스를 느끼면서 조금씩 공부에 대한 열정이 식어간다.

이렇게 '우수하면서 노력도 하는 A' '우수하지도 않으면서 노력도 안 하는 B'라는 이미지로 고정된다. A와 B의 차이는 어떻게 만들어진 것일까? 처음에는 '요령이 조금 없다', '기억력이 좋지 않다'라는 작은 차이였다. 속칭 '머리가 좋다', '지혜롭다'의 정도로, 결코 치명적 차이는 아니다. 가장 큰 영향은 주변 사람들에게 받는 평가가 긍정적인지 부정적인지의 여부가 가장 큰 영향을 준다.

공부는 '좋은 것', '즐길 수 있는 것'이라는 긍정적 암시를 주는 것이 가장 중요하다.

공부 못하는 아이와 공부 잘하는 아이

두 아이의 갈림길

긍정적 암시가 중요한 나이

중학생은 자아가 형성되는 나이이다. 성인에게는 별것 아닌 일에도 심각한 불안을 느낀다. '턱수염이 나기 시작했다!', '다른 친구들보다 키가 작은 것은 아닐까?' 등 성장에 대한 고민이 매일 머릿속을 떠나지 않는다.

이런 나이이기에 주위 성인들의 암시에 매우 민감하다.

A에게는 '긍정적 대응'이 반복된다.

- 너는 우수하다.
- 최고를 목표로 해라, 너라면 가능하다.
- 성적이 나빠도 '어떻게 된 거야? 너답지 않게. 무슨 일이 있었니?
- 꾸준히 공부하면 ○○고등학교는 확실하다. 당연히 합격할 것이다.

B에게는 조금 부정적이면서, 스트레스를 주는 표현이 반복된다.

- 역시 점수가 안 나왔네. 가끔이라도 제대로 된 점수를 받을 수는 없는 거니?
- 무리이긴 하지만, 적어도 △△고등학교 정도는 가능하지 않을까?
- 역시 너는 안 된다니까.
- ◇◇고등학교는 어림없다. 노력하면 △△고등학교 정도 들어

갈 수 있을 지도 몰라.

'열심히 노력하면 ○○고등학교에 무조건 합격할 수 있다'는 말과 '노력하면 합격할 수 있을지도 모른다'는 말 중에 어느 쪽이 의욕을 고취시켜 주는 말일까.

일반적으로 '무조건 합격할 것이다'라는 말투는 '자신감과 결부되는 긍정적인 언어'이며, '합격할 수 있을지도 모른다'는 '불안함을 부채질하는 부정적인 언어'라고 생각한다.

자신감을 가지고 도전하게 하는 힘은 결과가 보증되는 긍정적인 표현에서 시작된다.

스트레스를 줄이기 위한 방법

공부 스트레스를 줄일 수 있는 네 가지 포인트를 살펴보자.

1 목표를 분명히 해라.
2 강제로 하지 마라.
3 결과를 통해 자신감을 얻어라.
4 즐겨라.

| Point 1 목표를 분명히 해라 |

지망하는 학교가 구체적이고 명확한 것은 큰 도움이 된다.

"엄마를 위해서 공부하라는 게 아니다. 바로 네 장래를 위해서 공부하라고 하는 거야."

부모님에게 이런 말을 아무리 들어도 공부하고 싶은 기분은 들지 않는다.

구체적인 대학, 학부, 대학 진학 후 하고 싶은 일에 대한 이미지를 가지면 공부를 하고 싶은 확실한 동기가 된다.

| Point 2 강제로 하지 마라 |

원래 좋아하던 일이라도 그것이 '의무'나 '직업'이 되면 즐거운 마음은 사라진다. '싫으면 하지 않아도 괜찮다', '좋아서 하는 것이다' 라는 기분은 마음에 여유를 주면서 스트레스는 줄여준다.

사람은 무언가를 억지로 하면 스트레스가 생겨 그 일을 즐기기 어렵다. 스트레스를 받으면 '즐거움'이 아니라 '불쾌'한 감정을 느낀다. 뇌도 활성화되지 않기 때문에 일도 하기 싫고 학습 능률도 떨어진다.

엄마가 매섭게 노려봐서 어쩔 수 없이 '책상에 앉은' 상태는 억지로 책상에 앉아 책만 펼쳐 놓은 것이므로 학습 효과가 높은 것과는 거리가 멀다.

"공부를 너무 안 하니 걱정이 되어서 과외선생님을 모시고 왔다. 과외선생님이 있는 시간 동안만이라도 공부를 한다는 생각이 들어 조금은 안심이다"라는 것도 학습 효과에서는 분명 마이너스이다. 공부라는 것은 억지로 해야 하는, 싫은 것이라는 이미지를 한층 강화시킬 뿐이다.

부모 입장에서는 자녀가 공부하고 있는 것처럼 보이기 때문에 스트레스를 덜 받는 효과가 있다. 그러나 이런 버릇이 생긴 자녀는 공부하기 싫은 동기 부여만 늘어난 상태이기 때문에 강제로 관리하지 않으면 스스로 공부하려는 생각을 절대 하지 않는다.

- 공부는 관리 받으면서 억지로 해야 할 때만 한다.
- 학습이란 힘들어도 견디는 것이며 즐거운 일이 아니다.
- 자발적으로 공부를 한다는 것은 불가능하다.

이런 식으로 인식하기 시작하면 성적이 절대 오르지 않는 소용돌이 속에 빠져서 허우적대기 시작한다.

| Point 3 결과를 통해 자신감을 얻어라 |

아무리 노력해도 결과가 나오지 않으면 열심히 할 마음조차 사

진다. 이렇게 하면 좋은 결과가 나온다고 알려준 후 좋은 결과를 위해 준비시키는 정도로는 최선을 다하는 마음가짐까지 이어지지 않는다.

100개의 지식을 알려주고 싶어서 진행한 수업에서 대부분의 학생들이 70개의 지식을 이해했다고 가정하자. 대부분 담당 선생님은 "너희들은 진짜 못하는 애들이야. 왜 이렇게 엉망이니?"라는 부정적 메시지를 은연중에 전달할지도 모른다. 이에 비해 '70개 정도라도 익혔다면 다행이다' '70개 속에 중요한 부분은 전부 포함되어 있으니 모두들 조금만 더 힘내자!'라는 긍정적인 메시지를 전달하는 방식이 좋다.

'그렇게 느긋한 자세로 가르치면 학생들이 게을러질 텐데……' 라고 생각하는 사람도 있을지 모른다. 그러나 "그 정도로 충분하지만 앞으로 30개만 더 익혀보자!", "굳이 하지 않아도 괜찮지만 명문대학을 목표로 하는 사람이라면 30개를 마저 익히는 편이 훨씬 좋을 것 같다"라고 알려주면 대부분의 학생들은 '한 번 더 도전해 보자!' 하고 마음을 먹는다.

'해냈다', '이해했다'라는 안정적인 심리 상태를 만드는 게 핵심이다.

| Point 4 즐겨라 |

초등학생 자녀들이 친구들과 놀이터에서 축구를 2시간 동안 했다고 해서 부모가 "고생했네!"라고 칭찬하지 않는다. 본인들도 그렇게 생각하지 않는다. 게임에 너무 열중한 나머지 3시간이 훌쩍 지났어도 "슈퍼마리오를 하기 위해 힘든 시간을 견뎌냈다"라고 표현하지 않는다.

즐긴다는 것은 '하고 싶은 일'이기에 가능한 일이며 최선을 다해서 해낸다는 개념과는 어울리지 않는다. 물론 축구나 슈퍼마리오를 집중해서 2~3시간 하면 기술은 월등히 향상될 것이다.

즉 '즐기는 것 = 유쾌함'이 성적 향상의 필요조건이다. 이는 '어떤 일을 잘하게 됨에 있어 그것을 즐기는 것만큼 좋은 것은 없다(好きこそ物の上手なれ)'는 일본 속담과도 일맥 상통한다.

사람에게는 지적 호기심이 있다. 어떤 스트레스도 느끼지 않은 채 '알고 싶다'는 지적 욕구는 사람이 원래 가지고 있는 욕구가 아닐까?

공부는 무조건 최선을 다해야 하는 것이 아니다

목표를 달성하겠다는 강한 의지는 필요하다. 그러나 '큰일이다! 최선을 다하지 않으면 안 된다' 라는 생각은 부담감과 '나에게는 무리일지도 몰라' 라는 설망감을 안겨준다.

고상한 동기보다는 진심이 담긴 목표를 갖는 게 중요하다. 목표보다도 중요한 것은 목표 달성을 위한 행동 그 자체가 아닐까?

공부에도 종류가 있다

공부의 종류(Teach, Study, Training)

우리는 일상적으로 '공부한다', '공부하지 않는다', '공부하기 싫어한다' 등의 표현을 사용한다. 여기서 '공부한다'라는 행위는 구체적으로 무엇을 의미하는 것일까?

| 가르침을 받는다(Teach) |

'공부한다'의 대표적인 의미는 '가르침을 받는다(Teach를 받는다)'이다. 학교나 학원에서 수업을 받는다거나 과외선생님이 집을 방문해 가르쳐 주는 행위 등을 의미한다.

대부분 학부모들이 가지고 있는 '공부한다'의 이미지가 여기에 해당한다. 구체

적으로는 설명을 듣는 행동이 중심이 되는 행위이다. 현재완료형에 대한 설명을 듣거나 2차방정식을 푸는 방법을 배우는 등의 행동들이다.

| 암기한다(Study 1) |

일반적으로 '공부는 스스로 하는 것이다'라고 말한다. 그러면 '자기주도학습'이란 무엇을 의미하는 것일까?

무엇보다도 '암기한다'는 의미이다. 아무리 수업을 많이 들어도 한자나 영어 단어가 곧장 머릿속에 입력되기 어렵다. '암기한다'는 작업을 통해서 비로소 머리에 입력된다.

'가르침을 받는다'가 수동적이라면 '암기한다'는 능동적인 행위이다. 이는 중요한 차이이다.

대학입시에 도전하면서 영어 단어를 전혀 외우지 않는 학생은 좋은 성적을 얻기 힘들다. 야구방망이 없이 타석에 서 있는 것이나 마찬가지다. 아무리 유명한 야구선수라도 야구방망이를 갖고 있지 않다면 홈런을 치기가 불가능하다.

| 정리한다(Study 2) |

자기주도학습에는 '정리한다'라는 행위도 있다.

'확인'이나 '되풀이하다'와 바꿔 말하는 것도 가능하다. 2차방정식 공식이나 영문법에서 현재완료의 표현법을 배웠을 때 스스로 "아! 과연! 이런 거였구나!" 하고 반복한다.

수학 시간에 선생님이 2차방정식 풀이 과정을 천천히 칠판에 적고 있었다. 당시는 잘 이해가 가지 않은 채 받아적기만 했다. 그것을 나중에 스스로 풀어본다.

영문법 현재완료형에 대해서 '완료'라든가 '진행'에 대해서 선생님이 말씀을 하셨지만 수업시간에는 도무지 이해가 가지 않았다. '완료'라는 상황은 어떤 상황일까? '진행'이라는 것은 무엇인가? 교과서와 노트를 다시 보면서 확실하게 이해될 때까지 살펴본다.

이것은 '암기한다'는 행위와 언뜻 비슷하면서도 전혀 다른 중요한 작업이다.

| 연습한다(Training) |

명문대학 합격을 목표로 하는 사람에게 가장 중요한 작업은 '트레이닝'이다. 시험과 가장 근접한 조건에서 두뇌를 사용하는 행위이다.

구체적으로는 다음과 같은 것들이 있다.
- 문장을 읽는다.
- 영어 장문을 사전 없이 읽는다.
- 수학 문제를 정해진 시간 내에 푼다.

수험생들과 대화를 나누면 대부분의 학생이 영어 장문을 사전 없이 읽는 훈련을 하지 않는다. 이 훈련을 하는 수험생들도 모의고사를 앞두고 잠시 하는 정도가 고작이다. 이는 모의시험을 보는 도중 영어 시간이 턱없이 부족한 결과로 이어진다.

당연하다. 준비와 연습 없이 갑작스레 실전에 임하는 것은 힘들다. 프로야구 선수가 시즌 오픈 후 몸을 풀거나 배팅 연습을 전혀 하지 않고 시합에 출전하는 것과 같은 이치이다. 아무리 훌륭한 선수라도 메이저에서 시속 155km의 강속구를 치기 위해서는 2개월 정도는 매일 훈련을 반복해서 눈 감각을 살려야 한다.

앞서 '영어 단어를 외우지 않는 것은 야구방망이 없이 타석에 서는 것'이라고 말했다. 영어 시험에 있어서 '일정량의 영어 단어를 확실하게 암기한다'는 것은 무조건 갖추어야 하는 조건이다. 물론 '야구방망이를 가지고 있는 것'과 '공을 치는 것'은 다른 차원의 문제이다. 입시 영어 준비에서 가장 중요한 것은 '몸 풀기'와 '배팅 연습'이기 때문이다. 영어 단어를 확실히 암기해서 몸을 풀고 영어 장문을 사전 없이 많이 읽어 보면서 배팅 연습을 해야 한다.

마찬가지로 수학 시간에 공식에 대한 설명을 들은 것만으로도 비슷한 종류의 문제를 풀 수 있는가 하면 그렇지도 않다. 수학도 몸 풀기와 배팅 연습이 필요한 과목이다.

같은 풀이 공식의 문제를 3, 4회 정도 연습하면 그제야 공식에 대입해서 문제를 푸는 수준이 된다. 특히 수학 공부는 자전거 타기나 자동차 운전과 닮은 구석이 많다.

'운전 방법'을 아무리 배워도 실제로 운전대를 잡고 연습하지 않으면 공간 감각은 몸에 익지 않는다. 백미러를 보는 것도 익숙해져야 하고, 와이퍼 사용도 반복적으로 써봐야 점차 익숙해진다. 수학도 마찬가지이다.

암기(=지식을 늘리는 것)가 가장 중요하진 않다

내가 근무하고 있는 고베세미나는 '기초부터 시작해도 명문대학에 합격할 수 있다'는 콘셉트를 지닌 독특한 예비학교이다. 중학교 때부터 등교를 거부해서 고등학교에 다닌 경험조차 없는 학생들도 입학이 가능하다. 중학교 수준의 영어 지식도 익히지 못한 상태에서 대학입시에 도전하는 사람도 많다.

'명문대학에 합격하기 위해서 우선적으로 해야 할 일은 무엇일까?'

'명문대학에 불합격하는 가장 큰 원인은 무엇일까?'를 파악해 이에 대처한다면 중학교 수준부터 다시 시작해서 명문대학에 합격하는 것이 가능하다. (이 책에서는 사례가 많은 문과 계열을 대상으로 살펴본다.)

우리의 경험에 의하면, 다음 두 가지가 부족하면 명문대학 불합격의 원인이라고 판단한다.

1. 독해력
2. 영어 지식

'성실하게 노력해 지식을 충분히 익혔고 고등학교 내신 성적도 좋지만 모의고사에서는 점수가 나오지 않는다'는 학생들의 첫 번째 문제점은 대부분 독해력 부족이 원인이다.

입시 문제나 모의고사는 지식의 유무만을 확인하지는 않는다. 출제자 측은 '얼마나 관련지어 생각할 수 있는가?'를 염두에 두고 있다. 독해력은 '예측하는 힘', '관련짓는 힘'이기 때문에 독해력을 쌓는 훈련 없이는 지식을 아무리 늘려도 입시 문제를 풀기 어렵다.

'요령도 좋고 실력도 높지만 공부 부족으로 영어 단어를 많이 외우지 못했다'는 사람도 안타깝지만 불합격하는 경우가 많다. '영어 단어를 충분히 암기하지 않았다면 야구방망이 없이 타석에 서는 것'과 마찬가지라고 앞서 말했다. 영어 단어, 숙어를 실전에서 사용할 수 있도록 충분히 숙지하는 것은 무엇보다도 중요하다.

'왜 필요한가'라고 묻는다면 '사전 없이 긴 문장을 읽는 훈련을 하기' 위해서라고 답할 것이다. 대학 입시에서 영어 과목의 득점은 어휘력에서 차이나는 것은 아니다. 긴 문장에 담긴 추상적인 내용을 어떻게 읽어내는가를 통해 합격의 여부가 결정된다. 일정 수준의 단어량을 확실하고 정확하게 숙지한다면 충분하다. 구체적으로는 단어와 숙어를 포함해 4,000개 정도이다. 이 수준의 지식을 익히는 데 걸리는 '물리적'인 시간은 대략 8개월 정도이다. (단 '심리적' 으로는 '강제적인 공부가 아니다', '자신감이 있다' 등 다양한 조건이 필요하다.)

고등학교 2학년 때까지 전혀 공부를 하지 않았어도 구체적인 목표를 만들고 공부 자체에 스트레스를 느끼지 않는 상태에서 '나라면 가능하다'는 자신감을 갖게 된다면 '암기(Study 1)-정리(Study 2)-연습(Training)' 등 적절한 학습을 통해 명문대학에 합격할 수 있다.

지겨운데 억지로 하는 것보다는 차라리 대충 하는 편이 낫다

여기서 주의해야 할 점은 '어릴 적부터 성실하게 공부한 사람'보다 '공부에 영 취미가 없던 사람'이 명문대학에 더 많이 합격한다는 사실이다.

학습 습관을 들이는 것이 정말 중요할까?

공부에 대한 부정적인 이미지가 없는 상태는 중요하다. 또 열 살까지의 습관은 본인의 의지보다는 부모나 선생님의 지시에 의해서 만들어진다.

   아이가 부모에게 "놀러 가고 싶으면 숙제부터 하고 가!"라는 이야기를 듣고 숙제를 끝마치고 가게 되면 '숙제=싫어도 해야만 하는 것', '노는 것=재밌는 것'이라는 이미지를 갖게 된다.

과연 공부는 습관적으로 하는 것일까?

공부는 필요해서 하고 싶기 때문에 하는 것이다. 그렇지 않으면 진정한 실력이 키워지지 않는다.

   자녀가 공부에 대해서 긍정적인 이미지를 가지고 있다면 스스로 공부하게 될 것이다. 조기교육과 유아교육의 의미는 흥미와 관심을 가질 수 있도록 도와주는 데 있다. "굉장히 잘하는구나!"라고 칭찬함으로써 자신감을 갖게 하는 것이 무엇보다도 중요하다.

   한자를 억지로 외우게 하거나 영어를 조금이라도 알게 하는 교육은 적절하지 않다. 한자를 무리하게 암기시키면, 싫은데 억지로 했다는 부정적인 측면을 갖게 될 것이다.

   특히 10세 이하의 자녀를 키우고 있는 부모들은 내 아이가 공부를 즐기는 것으로 받아들이고 공부한다는 것을 기분 좋은 일로 느끼도록 도와주어야 한다. 인간은 변화하는 동물이다. 유·소년기에 형성된 사물을 보는 방식이나 사고방식은 성인이 되어도 지속되지만 행동의 경우는 느끼는 방식에 따라서 변한다.

공부를 무조건 암기해야 하는 작업으로 인식하면 부정적 이미지에 가깝다. 15세 이상의 자녀는 좋은 결과를 내는 게 본인에게도 중요한 의미가 있다는 점을 인식하면서 성적이 오르는 경우가 많다.

공부하는 습관이 절대 필요하다

2

15세를 넘긴 자녀의 행동은 절대 바꿀 수 없다

★★★
오래 전 어머니의 성공 체험을 바탕으로 자녀에게
무언가 해 주려고 하거나 잘 이끌어 주려는 생각으로
개입을 하면, 99.99% 실패한다. 자녀는 변한다.
이를 다른 말로 '성장' 이라고 한다.
우선 이것을 인정하고 받아들여라.

10세까지의
아이는 순수하다

어느 여선생님이 두세 살 때 경험한 일이다. 아버지가 집에 있는 차 범퍼에 일부러 몸을 부딪치게 하더니 너무 아파서 펑펑 우는 자기한테 "괜찮니? 차에 부딪히면 이것보다 훨씬 아프단다. 절대로 차에는 가까이 가지 마"라고 가르쳤다고 한다. 그 선생님은 "아! 그렇구나. 차는 아픈 거구나!" 하고 순진하게 받아들였다고 한다.

  어느 남선생님의 다섯 살 때 이야기이다. 그 집 화장실은 문을 열자마자 남자용 변기가 있고 다시 문을 열고 들어가면 여자용 변기가 있는 구조였다고 한다. 어머니가 안에 있을 때 어린 선생님은 소변을 보기 위해 아무 생각 없이 화장실에 들이가 볼일을 보았단다. 그러자 어머니가 자기를 따로 불러서 "집에서는 괜찮지만 밖에서는 여성이 안쪽에서 볼일을 보고 있을 때 들어가면 안 된다. 아주 큰 실례란다"라고 가르쳤다고 한다. 서른이 훌쩍 넘은 지금까지 기억하고 있는 것을 보면 다섯 살 어린 아이한테 어머니의 가르침이 굉장히 신선했나 보다.

10세미만   지도
10~15세미만   미요
15세 이상   긍정

10세 미만의 커뮤니케이션

대부분 학부모는 자녀의 초등학교 1학년 운동회에 참석할 것이다. 할아버지, 할머니 혹은 삼촌 고모까지 참가하는 경우도 있을 것이다.

나도 조카딸의 초등학교 운동회에 간 적이 있다. 자녀들의 달리기 순서가 다가오면 아버지들은 카메라나 캠코더를 가지고 어디에서 찍는 것이 좋은지 장소를 물색하느라고 분주해진다. 어머니들은 아이들이 달리기 시작하자마자 목청껏 응원한다.

10세까지의 자녀는 부모가 확실하게 전달하는 메시지를 그대로 학습한다.

자녀가 15세 이상이 되면 대화는 부모와 자녀 사이의 관계에 영향을 받는다. 또 자녀는 부모가 생각하고 있는 것이 무엇인지를 자기 나름대로 미리 예측하고 있다.

초등학교 1학년 때 에피소드를 소개하겠다. 어린 나에게 운동회 전날 어머니는 이런 말씀을 하셨다. 내일 달리기 시합 때 어머니가 응원을 하면서 내 이름을 부르더라도 부르는 것이 아니라 응원하는 것이니 절대 어머니를 쳐다보면 안 된다고 하셨다. 나는 알았다고 대답했다.

운동회 당일, 어릴 때부터 공 던지기와 달리기를 너무 좋아했던 나는 달리기 순번이 빨리 오기만을 기다렸다. 드디어 '준비 땅!' 하는 구령과 함께 달리기 시작했다. 10m 정도 달리자 왼편에서 "테츠토!" 하고 부르는 어머니의 목소리가 들렸다.

15세 미만의 커뮤니케이션

하룻밤 자면 전날 있었던 일은 모조리 잊어버리는 초등학교 1학년 남학생인 나는 전날 어머니가 해 주신 말씀은 전혀 기억하지 못한 채 무슨 큰 일이 생겼는지 나를 큰 소리로 부르는 어머니 쪽을 보면서 멈추고 말았다.

어머니는 당황한 기색으로 골인점을 가리키면서 "달려! 달려!" 하고 외치고 계셨다. '달리라고 하지 않으셔도 잘 달릴 텐데 용무도 없으면서 날 왜 부르셨지?' 이런 생각을 하던 중 문득 전날 밤의 당부를 생각해내고는 부끄러움을 뒤로 한 채 전속력으로 골인 지점을 향해 달렸다. 의외로 뛰어난 다리를 가진 테츠토 소년은 도중에 한 번 멈추었음에도 불구하고 당당히 1등을 거머쥐었다.

지금은 상당히 요령이 생긴 나(!?) 조차도 열 살까지는 이렇게 대단히 순진한 반응을 보였다. 순수하기에 부모가 느끼고 있는 것이나 분위기를 그대로 받아들인다.

세 살인 자녀를 '어린이집'에 입학시키기로 했다고 가정하자. 입학 6개월 전부터 '어린이집은 참 즐거운 곳이야', '친구들도 엄청 많이 생길 거야', '매우 좋은 곳이란다' 라고 긍정적인 표현을 반복하면 긍정적 암시를 받은 자녀는 아직 체험도 하지 않은 '어린이집'이라는 곳에 대해서 긍정적인 이미지를 갖는다.

'어린이집'에 대해서 '왠지 즐거울 것 같아', '빨리 가고 싶다' 라고 생각하면서 순수하게 즐거운 마음을 가지고 다니게 된다.

왠지 어머니가 불안한 기분이 들어서 '혼자서 버스에 탈 수 있을

긍정적 암시

앞으로 발생할 일이 즐거운 일인지 불쾌한 일인지는 부모를 통해서 사전 정보 영향을 쉽게 받는다.

부정적 암시

부정적 이미지를 갖게 되면 경험도 하기 전에 '거부감' 과 '절망감' 을 느낀다.

까?', '울고불고 하면 어쩌지?', '화장실 훈련을 서두르지 않으면 큰일이네. 우리 집 아이는 왜 이렇게 늦지?'라고 생각하면 "엄마가 없어도 혼자서 버스 탈 수 있니? 울면서 엄마를 찾아도 만날 수 없어" "선생님한테 쉬 마렵다고 말씀드릴 수 있니? 옷에다 오줌 싸면 다른 친구들한테 부끄럽잖아" "기저귀를 떼지 않으면 어린이집에 다닐 수 없단다" 라는 뉘앙스의 대화를 아이에게 해 버린다.

어머니의 불안이 전달되면 아이도 강한 불안감을 느낀다. 그러면 'ㅇㅇ를 하지 않으면 안 된다', 'ㅇㅇ를 못하면 굉장히 힘들다', '잘 모르면 불안하다', '어찌해야 할지 모르겠다', '어린이집에 가려면 대단한 일들을 해야만 한다'라는 기분이 들면서 결국 부정적인 이미지가 강해진다.

열 살까지의 아이는 부모의 표현이나 무심코 던진 말에 따라 불안해한다든가 혹은 '괜찮아', '가능할 것 같아'라고 느끼면서 민감하게 반응한다.

10~15세 사춘기부터는
부모의 말을 신뢰하지 않는다

순진하게 어른들의 말을 있는 그대로 믿던 아이는 열 살부터 열다섯 살, 초등학교 고학년부터 중학생 정도가 되면 부모의 말을 순수하게 신뢰하지만은 않게 된다. 절반 정도는 의심하면서 듣는다. '그 손에 놀아나지 않을 테야!' 하는 분위기로 점점 바뀌어 가기도 한다. 경험이 늘면서 '학습'되는 부분이 있으므로 '부모님 말씀대로 하면 속는 것이다'라고 생각하고 있을지도 모른다. 사춘기에 속하는 열 살 이상은 그러한 나이이다.

앞서 말힌 자동차의 예라면 '말로 잘 설명해 주면 이해했을 텐데 일부러 아프게 해야만 하냐고!'라고 느낄지도 모른다. 화장실의 예라면 그렇게 지적받는 일이 몹시 부끄럽게 느껴져 "그런 것 정도는 나도 알아!" 하고 반발할지도 모른다. 내가 경험한 운동회의 에피소드에서는 중간에 '멈춰서는 일' 자체가 있을 리 없다.

자녀가 중학생 때 운동회나 체육대회 응원에 간 부모는 아주 소수일 것이다. '부모님이 와 주셨으면!', '응원해주시니 힘이 난다!'는 반응은 중학생에게는 거의 보기 드물다. 내심 기분 좋게 생각할 수는 있지만 동급생들 앞에서 부끄럽다고 생각하기 때문에 화를 내거나 무시하는 등의 경우도 많을 것이다. 그래도 너무 가고 싶다고 생각하시는 부모님들은 자녀들에게 비밀로 한 상태에서 멀리서 살짝 보는 편이 좋다.

유소년 축구 지도자에게 이런 이야기를 들었다. 초등학교 저학년까지의 축구는 한 명이나 두 명 정도의 우수한 선수가 있는 팀이 우승한다고 한다. 다리가 빠르거나 공을 차는 실력이 뛰어난 아이가 공을 차지한 채 드리블로 수비수들을 돌파한 후 강한 슈팅으로 골을 넣는 식이다. 그러나 고학년이 되면 개인기만으로는 절대 우승할 수 없다. 4학년 정도부터 '조직적인 플레이'가 가능하기 때문이다. '특정 영역을 지킨다', '우수한 선수는 두 명 이상이 수비한다' 등의 전술이 가능하다. 개인기만으로 승리하는 게 가능했던 팀은 다른 팀의 전술을 두려워하기 시작한다. 또 아이들의 역량이 따라가지 못하는 사례가 보이기 시작한다고 한다.

개인기 ⟶ 영역

15세를 넘긴 자녀는
더 이상 내 아이가 아니다

 이런 상황은 아이가 15세가 지나면 좀 더 심해진다. 정확히 말하자면 '부모는 적이다' 라는 이미지가 강화된다. 기본적으로 '부모님이 하시는 모든 말씀을 거스르겠다!' 고 생각하는 것이 자연스럽다. 그렇지 않은 자녀는 오히려 문제가 있다.

 고3 남자 아이가 있는 어느 가정의 일요일, 아들이 점심을 먹은 후 거실에서 저녁까지 계속 TV 드라마를 보고 있다고 가정해 보자. 이제 곧 9월이다. 어머니는 우리 아이가 공부만 하면 합격할 수 있는데 노력을 전혀 안 한다고 생각한다. 누가 어떤 조언을 하더라도 어머니는 이미 참을성의 한계를 넘고 있다.

"좀 적당히 하고 공부 좀 해! 수험생이 지금 뭐하는 거야?"

"(어머니가 하신 말씀이 이렇게도 지당하다니!) 응, 알았어. 엄마가 그렇게 말하니 이제 열심히 공부할게."

 이런 대화가 오고 가는 가정이 있을까? 혹시 이런 대화가 성립되는 가정이라면 자녀의 정서 발달 상태에 대해서 심각하게 걱정해야 할 것이다. 바로 전문가를 찾아 상담을 받는 편이 낫다고 본다.

자연스러운 것은 이런 식일 것이다.

"좀 적당히 하고 공부 좀 해! 수험생이 지금 뭐하는 거야?"

"잔소리 좀 그만해! 지금 하려고 했는데 할 마음이 싹 가셨잖아. 짜증나서 미치겠네."('쾅!' 하고 현관문을 닫고 나가버린다.)

이 정도라면 자연스럽고 건전하다. '아! 우리 집은 이런 분위기가 맞는데' 라고 생각하고 계신다면 안심하시라. 댁의 아들은 건전하게 성장하고 있는 것이다.

정리해 보자.
자녀가 성장함에 따라서 부모님들의 대응법도 변화해야 한다.
- 10세 미만 : 지시한다.(단 최대한 긍정적인 암시를 준다.)
- 10~15세 : 자녀의 생각을 어느 정도 존중한다.
- 15세 이상 : 지시나 잔소리는 절대 하지 않는다.

일본에는 '겐푸쿠(元服)' 라는 제도가 있었다. 사춘기를 지난 남자아이가 어릴 적 이름을 바꾸고 한 사람의 성인으로 인정받기 위해 의식을 거행한다. 이것은 발달과학적 측면에서도 매우 멋있는 제도이다. 본인에게 성인으로서 자각하게 하는 의미 이상으로 부모나 주변 어른들에게 '이제는 아이가 아니라 한 사람의 성인으로 대우를 해야겠다!' 라고 인식하게 하는 효과도 있다.

15세 이상의 자녀가 부모님의 말에 순진하게 반응하는 일은 이론적으로도 불가능하다. 또한 형제나 친구와 비교하면서 '본받으라'는 말을 듣고 기뻐할 고등학생은 한 명도 없다.

공부할 마음을 사라지게 하는 한마디 1. 잔소리

공부할 마음을 사라지게 하는 한마디 2. 비교

사례 연구: 엄마 마음에는
영원한 아홉 살 아들

명문 중·고등학교를 졸업한 열아홉 살 수험생 어머니와 상담한 내용이다. 그 자녀는 고등학생 시절 기숙사 생활로 부모와 떨어져 지냈다고 한다. 매년 최고 명문대학에 수 십 명의 학생을 진학시키는 유명한 명문 고등학교에서 아들의 성적은 하위권이었다. 고등학교 졸업 후 집에 돌아와 대형 입시학원에서 재수를 했지만 성적이 그다지 오르지 않았다. 현재 삼수를 하고 있는데 입시학원에도 다니지 않고 공부도 하지 않는 상황이라서 상담을 하러 온 것이다.

이러한 내용의 상담에서 우리들은 우선 '부모와 자녀 사이의 관계', '부모의 개입 정도'에 대해서 파악한다. 여러 가지 이야기 내용 중에서 어머니는 '우리 아이는 저에게 매우 다정하고 참 착한 아이예요(부모와는 굉장히 사이가 좋다)' 라고 설명했다. 아들이 아홉 살 때 어머니 생신을 위해 자신의 용돈을 모아 꽃다발을 사 주었다는 에피소드를 강조해서 말씀하셨다. 아홉 살 자녀가 어머니 생신날 용돈으로 꽃을 선물한 것은 대단히 행동력 있고 멋진 일이다. 어머니는 무척 감동받았을 것이다.

초등학교 때는 중학교 입시를 위해서 기숙학원에 다녔는데 성적도 좋고 부모님 말씀을 잘 듣는 자녀였을 것이다. 그러나 전국적으로 유명한 명문 중학교와 명문 고등학교에 입학하게 되면서 기숙사 생활로 부모님과 떨어져서 지냈다. 사춘기를 지나 곧 20세가 되는 자녀는 초등학교까지는 눈에 띄는 우수한 학생이었지만, 그 이후로는 여러 가지로 마음고생을 한 것 같다. '부모와 자녀 사이의 관계'라는 것도 15세를 넘으면서 필연적으로 변했을 것이다.

어머니에게는 초등학생 시절의 훌륭한 아들의 이미지만 남아 있다. 아홉 살 때 아들의 감동적인 추억을 가슴 속에 소중하게 간직하고 있다. 초등학생 때는 어머니가 칭찬하거나 지시를 하면 그대로 되었던 경험이 있다. 어머니의 말을 순수하게 들었던 성공 체험은 모든 자녀들이 가지고 있다.

현재 아들은 아홉 살 때 추억 따위는 기억하지도 못한다. 열두 살 때 부모 곁을 떠나 기숙사 생활을 한 후 열여덟 살이 되어서 돌아왔다. 이것은 전혀 다른 인격이라고 인식하는 편이 낫다. 적어도 100% 성인으로 대우해 주어야 한다.

자녀는 성장해간다. 열 살 미만의 자녀에게 하던 어머니의 '성공 체험'을 고등학생이 된 자녀에게도 적용하면 역효과가 나기 일쑤다.

연령별 부모와 자녀 관계

15세가 되면 성인이 되기 위한 과정에 있다고 생각하자. 자녀가 스스로 자각할 수 있도록 지나친 지시를 하지 않는 편이 좋다.

연령별 이상적인 부모와 자녀 관계

15세 이상 부모와 자녀 관계
적당한 거리를 두고 자주 미소를 보이면서 다른 일을 한다.
그러나 언제라도 반응할 수 있도록 대기한다.

성인이 되면,
부모와 자녀는 서로 존중하는 마음을 갖게 된다.

오래 전 어머니의 성공 체험을 바탕으로 자녀에게 무언가 해 주려고 하거나 잘 이끌어 주려는 생각으로 개입을 하면, 99.99% 실패한다. 자녀는 변한다. 이를 다른 말로 '성장'이라고 한다. 우선 이것을 인정하고 받아들여라.

열다섯 살을 넘긴 자녀의 행동을 변화시키는 것은 불가능하다는 것을 우선 인정해야 한다는 말이다. 열다섯 살까지의 성공 체험(또는 부모의 환상)을 열다섯 살이 지난 자녀에게 적용하려 든다면 위험한 상황이 벌어질지도 모른다.

그럼 어떻게 하면 좋을까? 기본적으로 내 아이가 아닌 독립된 한 명의 성인으로 인식하는 게 가장 기초적인 출발점이다.

세상에는 성인의 행동을 변화시키는 직업이 매우 많다. 그러한 다양한 직종의 사람들에게서 기본 원칙을 배워서 적용하는 것도 효과적이다.

3
행동을 변화시키는
방법을 프로에게 배우자

★★★
우선 상대방이 나의 이야기를 듣고 싶게끔 해야 한다.
상대방으로부터 '좀 더 이야기를 나누고 싶다.
내 이야기를 들어주었으면 좋겠다'는 마음이
우러나지 않으면 상대방이 필요로 하는 것이
무엇인지 알 수 없으므로 변화도 일어나기 어렵다.

아이와 좋은 관계를 형성한다

성인의 행동을 변화시키는 직업을 흉내내보자. 이러한 일을 하는 사람들의 행동에는 몇 가지 원칙이 있다. 그것을 따라해 보면서 자녀와의 관계에 적용해 보자.

영업 사원

영업 사원은 별것 없다고 생각하면 절대 구입하지 않는 손님들을 상대로 상품 설명을 해서 '과연!'이라는 감탄과 함께 상품을 구입하게 만든다. 다양한 직업 중에서도 별도의 기술과 숙련된 기능이 필요한, 어렵지만 재미와 보람이 있는 일이다. 영업에는 매장에서의 영업도 있고 방문 판매도 있다. 개인을 상대로 하는 영업도 있고 회사를 상대로 하는 영업도 있다.

 구직 활동을 하는 대부분의 학생들은 영업에 대해서 그다지 좋은 이미지를 갖고 있지 않다. 일반인들은 드라마나 만화에 나오는 영업 이미지밖에 알지 못한다. 이러한 생각 속에서의 영업은 손님에게 방굿거리면서 매번 물건을 사 달라고 사정한다. 회사에 돌아오면 "왜 실적이 이 모양인가?" 라고 상사에게 꾸중을 듣는다.

이렇게 마음고생도 심하고 재미없는 일이 영업이라고 대중들은 생각한다. 그러나 내가 소속된 '고베세미나'로 걸려오는 문의전화 응대나 학부모와의 상담 등도 넓은 의미에서는 영업이다.

앞서 소개한 사례 연구(명문 고등학교를 졸업한 후 방황하는 자녀)에서 어머니와의 상담도 영업의 하나였다.

- 우선 상황을 듣고 누가 무엇 때문에 곤란해 하는지를 파악한다.
- 아무런 강요 없이 어떤 방법이 좋은지에 대한 적당한 정보를 전달한다.
- '고베세미나'에 입학하면 어떤 대응이 가능한지에 대해 다양한 선택사항을 제시한다.
- '고베세미나'에 입학하는 것만이 최고의 대안은 아니기에 필요하다면 다른 학교나 기관을 소개하기도 한다.
- 보호자에게는 반드시 "부모가 입학을 권유하지 않는 편이 좋습니다"라고 당부드린다.

처음에는 이런 대화가 오고간다.

"아! 과연! 이런 대안학교가 있었네요."

"네? 부모님은 조언하지 않는 편이 좋다고요?"

"고등학교를 중퇴하고 정서적으로 불안해도 명문대학에 합격하는 사람이 많군요."

" '불안감을 주지 않고 긍정적으로 표현한다', '열심히 해라'라고 말하지 않고 '열심히 하고 있구나!'라고 말하는 것이 좋단 말씀이시군요. 어려워 보이긴 해도 시도해봐야겠어요."

"서두르면 불안해지니깐 그러면 안 되겠죠?"

"그렇지만 입학을 권유하지 말라고 하시는 말씀은 놀라울 따름입니다. 분명 부모가 말하는 것은 전부 거스르고 싶어 하는 나이이니 어찌 보면 정답일 수도 있겠지요."

보호자와 상담을 하고 나서,

"'고베세미나'에서 이야기를 듣고 그 조언대로 해봤더니 가정 분위기가 변했어."

"자녀와의 대화가 잘 되는 것 같아."

"자녀의 표정이 밝아졌군."

"자녀가 성서석으로 소금 안정되어 가는 듯 해."

이런 효과를 보셨다면 더할 나위 없이 기쁘고 학생 본인이 '고베세미나'의 학습방식에 관심을 갖는다면 입학은 자연스럽게 진행된다.

그렇다. 영업이라는 것은 카운슬링이기도 하면서 컨설팅이기도 하다.

실제로 영업 사원의 행동에는 원칙이 있다.

영업 사원　　　심리상담사　　　미용실 여주인

심리상담사

심리상담사는 정서적·정신적으로 불안한 사람, 곤란을 느끼는 사람에게 다양한 방법의 치료를 해서 활력을 되찾도록 도와주는 직업이다. 정리해고를 당했거나 거식증으로 고생하는 사람이 상담사와의 면담을 통해 활력을 찾고 정상적인 생활을 회복한다.

미용실 여주인

미용실 여주인은 계속 찾아와주는 단골 확보가 중요하다.
미용실 여주인은 여회사원이 퇴근 후나 주말에 왜 미용실을 찾는지를 잘 알고 있다. 업무로 인한 짜증과 스트레스를 헤어스타일의 변화로 기분 좋게 날려 버리고 다음날 다시 새로운 기분으로 일할 수 있도록 응대한다. 미용실 여주인들은 서투른 심리상담사보다도 이런 응대가 상당히 능숙한 사람들이 많다. 헤어스타일의 변화와 짧은 수다로 스트레스가 해소되어 상쾌한 마음으로 다음날 기분 좋게 일할 수 있게 된다면 여회사원은 매일이라도 이 미용실에 드라이를 하러 올 것이다.

학교 선생님과 수험생 부모

학교 선생님 그리고 지금 이 책을 읽고 있는 많은 수험생 부모들도 학생이나 자녀가 스스로 공부에 흥미를 붙이고 적극적으로 공부하길 바라는 마음일 것이다.

  부모들은 공부에 스트레스를 느끼면서 부정적인 태도를 보이는 자녀들의 상황을 바꿔주고 적극적으로 학업에 임하기를 바랄 것이다.

  이를 위해 영업 사원, 심리상담사, 미용실 여주인에게 공통적으로 나타나는 행동 중 수험생 부모가 대수롭지 않게 생각하고 간과하는 태도를 소개하겠다.

상대방을 기분 좋게 만드는 법

우선 상대방이 나의 이야기를 듣고 싶게끔 해야 한다. 상대방으로부터 '좀 더 이야기를 나누고 싶다. 내 이야기를 들어주었으면 좋겠다' 는 마음이 우러나지 않으면 상대방이 필요로 하는 것이 무엇인지 알 수 없으므로 변화도 일어나기 어렵다.

미용실 여주인의 철칙

심리상담사도 미용실 여주인도 우선은 아무 말도 하지 않은 채 상대방의 이야기를 듣는다. 사소한 것처럼 느껴지는 이 원칙을 철저히 지킨다.

"회사에서 이런 일이 있었다니까요. 그래서 머리라도 바꿔보려고 왔어요."

"어머! 진짜 기운 없어 보이세요. 무슨 일 있었어요?"

이때 이야기를 들으려고 하는 분위기와 자세가 가장 중요하다.

- 머리를 감겨주는 손은 분주하게 움직이면서도 이야기에는 반드시 반응한다. ('어머머!' '그랬군요' '음!')
- 싫은 표정을 절대로 나타내지 않는다. (항상 미소를 머금고 상대방이 자신의 곤란한 처지를 털어놓으면 동감한다는 표정을 짓는다.)
- 상대가 이야기하려는 것을 절대로 막지 않는다.
- 지시나 조언을 하지 않고 일단 듣는다.

이로 인해 손님은 점점 자신의 속내를 털어놓는다.

손 님 나도 이제 사표를 내야 될 때가 온 것 같아요.

여주인 어머! 무슨 일이세요? 기운이 없어 보이네요.

손 님 우리 회사는 윗사람들이 자기들 멋대로 일을 시키거든요.

여주인 무슨 일 있었어요?

손 님 과장에게 지시를 받아 거래처를 제안해서 겨우 승낙을 얻었는데 부장이 버럭 화를 내는 거예요.

여주인 그거 큰일이네요.

손 님 그런 부장 밑에서는 더 이상 일을 못하겠어요. 게다가 부장도 그렇고 과장도 그렇고 업무 관련 교섭이 영 서툴러서 말이죠. 전에도 생산라인에 미리 연락을 안 하는 바람에 납품이 늦어져서 문제가 생겼다니까요. 뒤치다꺼리는 언제나 영업 담당자 몫으로 돌리기나 하고 앉아 있지 뭐예요.

대화 고수는 이 대목에서 손님을 기분 좋게 만드는 능력을 발휘한다. 칭찬하고 긍정적으로 앞을 내다보며 말한다.

여주인 일류기업에 근무하시는 분들은 역시 대단하세요. 우리처럼 혼자서 하는 소규모 장사꾼은 상상도 못하겠네요.
(혹은)

여주인 영업하시는 분들은 힘드시겠어요. 그래서 우수한 사람이 영업 사원이 되는 것이겠죠.

이런 식이다.
상대방이 틀려도 절대 진심이나 진짜 생각(객관적인 사실)을 말해서는 안 된다.
"대기업에 근무하게 되면 당연히 그

정도 고생은 해야 하지 않겠어요?"

"과장도 부장도 각자의 입장이 있겠지요."

"생산라인에 주문량을 확인하는 것이 과장 책임인가요? 영업 담당자가 사전에 확인하는 것이 보통 아닌가요?"

혹시 미용실 여주인이 비즈니스를 아는 사람이라서 이런 진심을 말한다면 상황은 어떻게 될까?

회사에서 상사에게 듣는 이야기를 반복해서 들려주는 셈이 된다.

손님의 목적은 회사에서 쌓인 스트레스를 직장과 전혀 관계없는 장소에서 발산하려는 것이 전부이다. 푸념을 털어놓는 것만으로도 조금 위로를 받은 손님은 새로운 기분으로 다음날에도 열심히 업무에 매진할 수 있다.

일단 생각한 것, 사실을 있는 그대로 말하지 않는 것이 가장 중요한 원칙이다.

잘나가는 영업 사원의 수완

무능력한 영업 사원의 영업 태도

영업 사원의 철칙

복사기 영업 사원이 영세 기업을 방문했다. 방문한 업체의 규모, 매출, 업종이라면 우리 복사기가 가장 적당하다고 말하고 싶다. 그러나 이러한 속내를 드러내지 않고 자연스럽게 복사기를 소개하면서 판매하기는 매우 어렵다. 우리 복사기를 사라는 식의 직접적인 표현은 절대 하지 말아야 한다.

연매출은 3억 정도이고 사원은 3명, 여기에 시간제 근로자가 2명인 영세 기업주에게 '이 정도의 영세 기업이라면' 이라는 표현은 피해야 한다. 그렇게 표현하면 상대방은 불쾌해진다. 영세 기업이라는 것은 기업주 본인도 알고 있다. 틀림없는 사실이다. 그러나 본인이 그렇게 말하는 것은 괜찮지만 다른 사람에게 듣는 것은 썩 유쾌하지는 않다. '당신의 회사는 훅 불면 날아갈 것 같은 작은 회사입니다' 라는 이야기를 듣고 기분 좋은 경영자가 어디에 있을까?

사장이 비즈니스의 기본이 어쩌고저쩌고 말하면서 쓸데없는 소리를 늘어 놓고 지나치게 화려한 붉은새와 푸른새 무늬가 수놓아 있는 셔츠를 입고 있어서 이상한 사람으로 보이더라도 영업 사원은 진심을 말하지 않는다. 그 사람 마음에 들지 않으면 영업이고 뭐고 끝이기 때문이다.

어떻게 말해야 사장님 기분이 좋아지실까?

오직 이 문제에 집중한다. 잡다한 상황이 눈에 보이더라도 신경 쓰지 말아야 한다. 불쾌한 내색도 절대 하지 말아야 한다.

영업 사원도 미용실 여주인도 심리상담사도 상대를 기쁘게 만들려고 노력한다. 객관적인 사실이더라도 생각한 것을 있는 그대로 말하는 실수를 범하지 않는다. 왜냐하면 상대방과 좋은 관계를 형성하고 싶기 때문이다. '이 사람이 영업하러 와서 새로운 정보를 알게 되어서 다행이다', '이 사람의 이야기를 들으면 얻는 게 있다!'라고 생각할 것이다.

비록 영업하러 왔지만 성가시지 않다. 이 사람의 이야기는 좀 더 들어보고 싶다. 이런 마음이 들지 않으면 상대방과의 진전 있는 대화는 불가능하다.

상대방이 기분 좋게 내 이야기를 경청하게 만들려면 좋은 관계를 형성하는 것이 기본 원칙이다. 좋은 관계를 형성하기 위해서는 상대방을 우선적으로 배려하면서 이야기를 나눠야 한다.

성인의 행동을 변화시키기 위해서는
목표 상대가 나와 이야기를 나누고 싶어 할 정도의 관계를 형성한다.

이를 위해서는
원칙 상대가 관심을 가질 만한 정보를 제공한다.
　　　자신의 생각과 본심을 직접적으로 전하지 않는다.

관계를 형성하는 데에는
긍정적인 태도가 필요하다

학부모들은 종종 자녀의 상태를 보면서 '왜 공부를 안 할까?', '나라면 이렇게 할 텐데'라고 생각한다. 혹은 화가 머리끝까지 나서 자녀에게 한바탕 설교를 하는 경우도 흔하다.

"너는 온종일 공부도 안 하고, 집안일은 거들떠보지도 않고, 오후 내내 게임이나 하고 앉아 있지를 않나, 잠을 퍼질러 자지를 않나. 기가 막혀서……."

이런 반응을 예상치 못한 상대방은 갑작스러운 부정적 반응으로 인식한다.

인간은 자기가 무시 받았다고 느끼면 자신을 부정한 사람을 무의식적으로 '적'으로 판단한다. 이런 판단이 개입된 상태에서는 아무리 좋은 제안을 해도 받아들여지지 않는다. 모든 말을 일방적이고 설교, 설득, 명령으로 인식한다. 일방적이고 부정적인 방식으로 인식한 상대방은 내용을 듣지도 않고 거절한다. 부정적으로 연쇄 반응이 나타나는 이러한 상황을 피하기 위해서는 기술적 전략과 작전이 필요하다.

엄격한 가르침이 성공할 수 있는 조건

우선 '긍정한다'의 반대 행동이 되는 '설교한다', '엄격하게 지도한다'가 성공할 수 있는 조건을 소개하겠다.

중학교나 고등학교 스포츠 강팀의 연습은 정말 엄격하고 철저하게 진행된다. 예전보다는 덜하지만 여전히 한번 체력 단련을 하면 일어서기 힘들 정도로 훈련하는 것이 보통이다. 엄격하고 철저한 연습으로 강해지는 것이 사실이기에 이러한 훈련은 반드시 동반되어야 한다.

나는 고등학교 시절 야구부에 소속되어 운동을 했었다. 대학생 때는 야구부에 들어가지 않는 대신 출신 고등학교의 감독을 맡았다. 당시는 지식도 경험도 부족한 젊은이인데다가 지금처럼 심리학적 이론을 갖추고 있지 못했기 때문에 얼마만큼 좋은 지도를 했었는지는 의문이다.

그래도 한번 훈련을 하면 다들 지쳐서 나가떨어지는 등 지금 생각해 보면 꽤 무서운 호랑이 감독이었던 것 같다.

"그런 플레이로 이긴다는 생각은 꿈도 꾸지 마!"

"열심히 할 생각 없으면 그만 둬!"

"그렇게 할 생각이라면 지금 당장 그만 둬!"

"너희들 도대체 이길 생각이 있기나 한 거냐!"

이 정도 수준의 말이라기보다는 분노의 외침을 자주 했었다. 그러나 실제로는 그렇게 소리를 질러도 후배들은 그만두지 않았고 연습에 더 집중했다.

자녀의 학습에도 이렇게 엄격한 가르침이 적용될까?

"그런 공부 방법으로는 대학에 합격할 생각도 하지 마!"

"열심히 할 생각 없으면 공부를 아예 그만 둬!"

"대학에 합격할 마음이 있기나 한 거냐!"

한번 시도를 해 보자.

사실은 엄격하게 지도를 한 효과가 있기 위해서는 다음과 같은 전제가 필요하다.

엄격하게 지도한 효과가 있기 위한 전제 조건은 다음과 같다.

1. 목표가 구체적이고 명확해야 한다.
2. 자신감을 가져야 한다.
3. 좋은 관계를 형성해야 한다.

엄격한 가르침을 성공으로 이끌기 위한 조건
- 명확한 목표 성립
- 확고한 자신감
- 신뢰 깊은 관계 구축

부모의 실패담

자녀가 열다섯 살 이상이 되면 부모의 성공담은 듣기 싫은 이야기로 느낀다.

부모의 성공담

'공감'은 스트레스를 줄이는 데 도움을 주고 다음에 일어날 일을 긍정적으로 생각하게 만든다.

나의 야구부 지도법에는 다음과 같은 전제가 있었다.

1. 목표가 구체적이고 명확해야 한다
나의 모교는 공립학교임에도 불구하고 유명한 고교야구대전에 몇 차례 출전한 경험이 있다. 고등학교 3학년임에도 불구하고 유명한 고교야구대회에 출전할 정도로 내 모교의 야구부 전통에서 고교야구대전 출전은 가장 중요한 공통 과제였다.

2. 자신감을 가져야 한다
엄격한 가르침은 적어도 평균 수준 이상의 선수를 대상으로 한다. 혹은 주전선수로서 활약이 기대되는 선수들을 대상으로 한다. 갓 야구부에 들어온 1학년생들에게는 엄격한 가르침이 도움이 되지 않는다.

3. 좋은 관계를 형성해야 한다
어디의 누군지도 모르는 사람에게 꾸중을 들으면 사람들은 어리둥절해 할 뿐이다. 또 존경심이 우러나지 않는 상대에게 혼나면 반발심만 생긴다.

덧붙여 상대방과 진심으로 소통하는 것도 중요하다.

'내가 중학생 때 고교야구대전에 출전했던 선배'

'TV와 신문에도 실렸던 동경하는 선배'

'훈련을 적극적으로 도와주는 선배'라는 것을 알기에 내가 엄격하게 가르쳐도 학생들은 받아들인다.

스포츠에서도, 입시 공부에서도, 업무에서도 똑같이 적용되는 전제다.

1. 목표가 명확하지 않은 상태에서는 '도대체 왜 저런대?'라는 의문이 생기면서 집중력도 떨어지고 관계도 악화된다.
2. 자신감이 떨어진 상태에서는 '아! 역시 나는 안 돼'라고 생각하면서 도망치거나 피해 버린다.
3. 좋은 관계가 형성되지 않은 상대에게 엄격한 지도를 받으면 거부감을 느끼면서 점차 마음을 닫는다.

그러면 '명확한 목표', '자신감', '관계 구축'이 없는 경우는 어떻게 하면 좋을까?

부정하지 않는다.
가능한 긍정.
수용과 공감.

엄격한 가르침의 조건이 구비되지 못한 경우
- 부정적인 반응은 피한다.
- 긍정한다.
- 함께 목표를 설정하고 공감한다.

왜 자녀를 배려해야 할까?

'직장도 아닌데 자녀를 그렇게까지 대해야 하나요?' 라는 목소리가 어딘가에서 들리는 것 같다. '내 아이다', '내가 힘들게 번 돈으로 학비를 내주고 있다', '고생해서 키워왔다', '자식이 부모가 하는 말을 듣는 것은 당연하다' 등 이렇게 생각하는 것은 자연스럽다. 사실 나도 그렇게 느낄 때가 있었다.

잠시 옛날 일을 떠올렸으면 한다. 자녀가 1~3세 때 진심을 말할 수 있었는가? 그 연령에 어울리는 수준으로 표현하고 진심을 말했는데 한층 더 심하게 우는 것 같으면 아예 그런 말 자체를 안 하지 않았나? 모두들 과거에 이런 경험이 있을 것이다.

자녀가 다섯 살 때부터 열 살 때까지는 비교적 다루기가 쉽다. 진심이 어느 정도 통한다. 시키는 일을 곧잘 한다. 세상의 이치도 조금씩 이해하기 시작한다. 앞의 일을 예측하고, 부모님에 대해서도 마음으로 생각하고 행동한다. 그때부터 부모님들은 결과를 요구하기 시작한다.

'결과를 요구한다' 는 것은 비즈니스 세계에서 관리직 상사가 부하를 대하는 태도이다. 나도 직장에서 직원을 상대로 지도할 때 명령을 한다. 공감하는 태도로 다정하게 일을 시키진 않는다. 기

본은 "하시오!"이다. 예를 들어 교원을 외부 연수에 참가시킬 때에 "여기 참석하고 싶어?"라고 본인에게 묻는 일은 거의 없다. 또 직무 분담에서도 마찬가지이다. 학생 관리 담당과 총무 담당에게 "내년 부터 자네가 이것을 맡게"라고 100% 명령조로 말한다.

자녀는 분위기를 통해 앞을 내다보고 행동한다

업무의 경우는 특수한 관계가 존재한다. 직무상 인사권이 있기에 명령을 듣지 않을 수 없다. 각자의 능력도 있고 업무상 자신감도 있지만 명령을 따라야 한다. 명령과 설교를 통해서도 관계는 형성되고 효율성도 높아진다. 그러나 가정에서는 어떨까?

　세 살 정도까지는 틀림없이 '전부 긍정'으로 대접받고 있었을 것이다. '졸려' '배고파' '놀고 싶어' 라는 이야기를 무시하는 것은 의미도 없고 그 아이를 위해서도 각각의 상황에 대처를 해야 한다. 오히려 아이들의 눈치를 보면서 부모가 스트레스를 받기도 한다. 어린이집에 갈 수 있고 화장실도 혼자서 가게 되고 대화도 통하게 되면 지시나 설득의 비율이 늘어간다. 부모도 심적으로나 육체적으로 조금은 편해진다.

　자녀도 점점 성장해서 앞을 내다보는 게 가능하고 부모가 직접 말하지 않아도 '이렇게 행동하면 부모님이 기뻐하실까?'라고 생각하고 행동하는 경우가 생긴다. '고베세미나' 학생 중에는 이런 패턴이 매우 많다.

앞을 내다보는 힘이 있다. 부모님이 어떻게 생각하고 있는지를 분위기에서 읽어낸다. 그것이 정서적으로 여유 있는 상태라면 괜찮다. 그러나 여러 가지 문제로 여유가 없는 상황에서도 열심히 노력하는 성실한 타입의 사람이라면 문제가 된다. 어느 순간 주변 상황들이 벅차게 느껴지면서 정신적 피로에 지쳐 버린다. 그러면서 지금까지 순수하고 착한 아이였는데 갑자기 부모님한테 반항을 하거나 폭력 성향을 보이는 경우도 발생한다. 이런 패턴은 주변에서 흔히 있는 일이다.

분위기를 읽는다.

부모의 성공담을 말하고 싶어도 조금만 참자

여기서 중요한 것은 '지금부터는 어떻게 대응할 것인가?' 이다. 핵심 키워드는 '수용'과 '공감'이다.

보호자 자신이 능력을 가지고 사회적으로 훌륭한 일을 하고 있다면 당연히 '나는 이렇게 노력했다', '이렇게 하면 반드시 성공한다'는 신념을 가지고 있을 것이다. 필연적으로 자녀에게도 자신의 성공담을 전수하고 싶을 것이다.

나는 지금의 일을 31세에 시작했다. 처음 4년 정도는 나의 성공을 통해 열심히 가르치려는 열정이 있었다. 그러나 생각만큼 잘 풀리지 않았다. 아니, 내 성공담이 전혀 먹히지 않았다.

당시는 중퇴를 하거나 등교를 거부하는 학생들이 거의 없었다. 대부분은 재수생으로 학업이 조금 뒤처진 사람들이었다. 그런데도 가르치는 일이 쉽지 않았다. '이렇게 생각하고 이렇게 행동하면 잘될 거야' 라는 패턴으로 아무리 가르쳐도, 극적으로 변하는 학생들은 100명 중 1~2명 정도였다. 당시의 나는 교육은 무조건 강제로 시키는 것이라고 생각했다.

누가 뭐라고 해도 '나라면 이렇게 할 텐데' 라는 생각을 가지고 있었다. '나는 입시 때 매일 14시간씩 공부했어. 너도 본받아' 라는 식의 지도였다. 반성과 학습을 반복하면서 또 심리학을 본격적으로 공부하면서 처음의 일방적인 지도 방식을 지금의 방법과 시스템으로 바꿨다. 그 사람의 현재 능력과 정서 상태에서 이해가 가능하고 허용할 수 있는 수준의 대화를 나누면서 관계가 좋아지면 어느새 공감과 수용이 생긴다.

"수험생이면 주말에도 집에서 5시간 정도 공부하는 게 당연하다. 아버지는 열심히 했었다. 너도 본받아라." 부모가 자녀를 그러한 눈으로 보기 시작하면 자녀는 주말에 집에서 아무 것도 하지 않는 것처럼 보인다. 밤 8시 정도 귀가한 후 밥 먹고, TV 보고, 방에서 게임이나 하다가 잠든다. '이렇게 공부도 안 하는 수험생이 세상 어디에 있을까' 라고 생각하면 속에서 화가 치밀어 오르면서 초조해 한다.

그렇지만 자녀의 하루 행동을 자세히 살펴보면 '맨투맨 지도 과제는 항상 완벽히 수행한다, 학습 성과를 위한 확인문제도 상당히 열심히 한다, 수업도 완벽하게 출석하고 수업 전 자습실에서 1시간 정도 공부한다' 는 것을 알게 된다. 대부분의 학생들이 스스로 공부하는 경우가 많다.

자녀가 알아서 공부를 하는데도 부모들은 자녀가 집에서 제대로 공부를 하지 않는다고 초조해 하는 경우가 있다. 정확하게 표현하자면 부모가 보고 있을 때 열심히 공부하는 모습을 보이지 않는다고 말해야 하지 않을까?

게다가 그러한 부모가 자녀들에게 하는 대화 속에는 매번 이런 말이 들어 있다.

"내가 입시 때는 말이다."

"수험생이라는 것은 말이다."

부모의 성공담을 이야기하는 것은 부정적인 결과를 가져온다

노력해서 훌륭한 대학을 나온 부모들이나 직장에서 관리직을 맡고 있는 부모들이 특히 조심해야 할 점이 있다. 다음 방법들은 효과적이지 않다.

- 부모의 성공담을 자녀들에게 말하는 것
- 직장 부하를 다루듯 몰아붙이면서 가르치는 태도

아버지가 재수생 때는 아침 8시 전에 학원 현관에 줄을 서서 자습실 자리를 확보했다, 수업이 끝나고 나서도 자습실에 밤 8시까지 남아서 공부를 했지, 집으로 돌아오는 전철 속에서도 영어 단어 카드를 반복해서 봤단다, 집에 돌아온 후에도 자기 전 2시간 정도 공부를 했어, 적어도 아버지의 반이라도 해봐라!

이 메시지를 전달받은 상대방은 사실 이런 느낌이다.

- 아버지는 입시 때 굉장히 노력했다. 그에 비하면 나는 노력하지 않는다.
- 나는 무능력하니까 아버지처럼 하기 어렵다. 나에 대한 아버지의 평가는 형편없다. 아버지는 내가 아버지를 반이라도 닮길 원하신다.

자녀가 어느 정도 자신감을 가지고 있는 단계이고 아버지에 대해서 상당히 존경심을 갖고 있는 상태에서 아버지와 같은 대학을 지망하고 있다면 아버지의 이야기가 자녀에게 충분한 자극제 역할을 한다.

그러나 다음에서 제시하는 것 중 하나라도 해당한다면 부모의 성공담을 자녀들에게 말하는 것 자체가 역효과이다.

- 자신감이 없다.
- 아버지 말을 순수하게 듣는 부자 관계가 아니다.
- 지망하는 학교는 아버지 출신학교보다는 낮은 등급의 학교다.
    (혹은 아직 확실한 목표가 없다.)

나는 다음 두 가지를 권한다.

- 부모의 체험은 자녀들에게 말하지 않는 편이 좋다.
- 반드시 말하고 싶다면 실패담이나 서툴렀던 경험에 대한 내용이 오히려 좋다.

이런 대화는 금물입니다.

1 부모는 자녀가 진심을 표현할 수 있도록 좋은 관계를 형성하기 위해 노력해라.
2 부모는 15세가 넘은 자녀에게 조언을 하지 않는 편이 좋다.
3 부모는 자녀의 본심을 듣고 힘껏 격려해라.

말보다는 표정이나 분위기에 강한 전달력이 있다

여성의류 매장 점원

어머니가 식료품을 사러 쇼핑몰에 갔을 때를 예로 들어보자. 요즘은 수도권이나 지방에도 대형 쇼핑몰이 많이 있다. 대형 쇼핑몰에는 식료품만 아니라 구두, 안경, 양복 등 다양한 상품이 진열되어 있다.

어머니는 이틀치 식료품을 사러 갔다가 우연히 들린 여성의류 매장에서 '내부수리로 인해 재고 처분 세일' 포스터를 봤다. 어머니는 이 매장에서 입고 싶은 옷을 봤지만 좀 높은 가격 때문에 항상 고민만 하다가 번번이 옷을 사지 못했던 터였다.

"어머? 재고 처분이라면 가격이 떨어졌겠지? 구경이라도 좀 해 볼까?"

이런 생각으로 매장에 들어간다. 이 때 점원에게 어떤 대접을 받으면 쇼핑을 할 마음이 생길까? 점원의 어떤 태도가 손님이 기분 좋게 물건을 구입하게 만들까?

공부를 하고 싶게 만드는 = 물건을 사고 싶게 만드는

① 의욕이 넘쳐서 여러 가지를 조언하는 어머니

② 아무 것도 하지 않고 무표정으로 바라보는 어머니

③ 다른 일을 하면서 조금 떨어진 곳에 있는 어머니

① 의욕이 넘쳐서 적극적으로 판매하는 점원

② 아무 말도 하지 않고 무표정으로 이쪽을 바라보는 점원

③ 다른 일을 하면서 조금 떨어진 곳에 있는 점원

패턴 1

의욕이 넘쳐서 적극적으로 판매하는 점원

매장에 들어서서 옷을 보고 있으면 점원이 말을 건다.

"어서 오세요. 무엇을 찾으세요?"

"이 옷이 올해 유행이에요."

라고 말하며 적극적으로 판매에 임한다.

'좀 기다려 봐요. 매장에 들어오고 얼마 지나지도 않았잖아요. 마음에 드는 옷이 할인을 하면 살지도 모르지만 이렇게 권하지 않아도 알아서 구경할 수 있어요. 아! 천천히 보고 싶은데…… 아무래도 식료품부터 먼저 사고 오던지 해야겠다.'

이런 마음이지만 겉치레로 웃으면서 "네, 나중에 다시 올게요"라고 말하면서 매장을 나간다.

패턴 2

아무 말도 하지 않고 무표정으로 바라보는 점원

매장에 들어가자 '어서 오세요!' 라는 소리가 들렸지만 점원은 떨어진 곳에 있다. 패턴 1의 점원과 비교하면 편안하게 의류를 구경할 수 있다. 10분 정도 고르고 있다가 문득 점원과 눈이 마주쳤다. 점원은 3m 정도 떨어진 곳에 가만히 서서 계속 나를 보고 있다. 진열대 밑에 있는 옷을 꺼내려던 손이 무심코 멈췄다.

'어머! 계속 보고 있었던 것 같네. 안 살지도 모르는데 부담스럽네. 저 손님 진짜 사긴 할까 하면서 있는 것은 아닐까? 사지도 않으면서 괜히 옷들만 뒤집어 놓는다고 생각할지도 모르겠네.'

이러한 심리상태가 지속되면 손님은 은근히 스트레스를 받으면서 매장을 나갈 것이다.

잠시 분석을 해 보자. 여기서 손님의 구매 욕구는 그다지 높지 않다. 살 생각이 있는지 없는지를 물어보면 살 생각이 전혀 없는 것은 아닌 정도의 수준이다. 구매 욕구는 0은 아니다. 구매 욕구가 있긴 하다.

'매우 좋은 물건을 발견한다거나 보통 가격보다 반액 이하가 되어 4만 원대 가격' 정도의 조건이 갖추어지면 살지도 모른다. 살 마음은 있지만 옷을 사려는 동기 부여는 그다지 높지 않은 것이다.

이런 상대에게 패턴 1처럼 "무엇을 찾고 계십니까?" "이 옷이 유행이에요."라고 말하면서 구입을 강하게 권유하면 손님은 스트레스를 받는다.

또 '살지 안 살지 모르겠지만 진열대 밑에서부터 물건을 뒤집는 행위'를 하는 사람은 조금 부담스러움을 느낀다. 별로 나쁜 일을 하는 것도 아닌데, 안 살 수도 있는데 죄송스러운 일을 하고 있다는 기분이 든다.

미소를 머금고 긍정적인 태도를 보여주고 있다면 훨씬 나을 것이다. 점원이 무표정한 얼굴로 지켜보고 있는 행위는 손님에게 스트레스를 준다. 그 매장이 평소 자주 방문하는 곳으로 매년 적당한 매출을 올려주는 관계라면 패턴 2에서도 스트레스를 받지 않는다.

수험생 가정에서도 비슷한 일이 자주 발생한다

공부할 마음이 전혀 없는 것은 아니다. 명문대학에 진학하고 싶다는 마음은 조금 있다. 그러나 공부는 진척이 없고 어떻게 해야 할지 잘 모르겠다. 이런 자녀에게 '공부해라', '진로는 어떻게 정했니?' 라고 묻는 것이 패턴 1에 해당한다.

본인보다도 부모님이 높은 동기 부여를 가지고 결단을 재촉하는 질문 방식은 스트레스가 되고 피하고 싶어진다. 결국 자녀의 동기 부여는 사라진다.

'공부하라고 말하지 말아야지' 라고 생각하더라도 대부분의 가정은 패턴 2의 경향을 보인다.

- 공부하라고 말하지 않으려고 미간에 주름이 잡힐 정도로 참는다.
- 자녀가 거실에 있으면 어머니는 초조해서 어쩔 줄 모른다.
- 부모님이 거실에 학교 시간표나 입시 일정이 적힌 신문기사를 붙여 놓는다.

이렇게 공부 말고 표정이나 분위기로 강한 메시지를 전하고 있다. 그러면 어떻게 하면 좋을까?

패턴 3

다른 일을 하면서 조금 떨어진 곳에 있는 점원

매장에 사람이 전혀 없는 것도 스트레스이다. '입어보고 싶다', '다른 색 옷은 없을까?', '상의와 하의를 따로 살 수도 있을까?' 등 물어보고 싶은 것이 있을 때 바로 응대해주기를 바란다. 말을 걸으면 바로 와 줄 수 있는 조금 떨어진 곳에 있어서 손님에게 별로 관심을 주지 않는 듯 무언가 다른 작업을 하고 있다.

이것이 스트레스를 느끼지 않고 천천히 쇼핑을 하게 돕는 환경이다. 스트레스 없이 천천히 상품을 고르면서 동기 부여도 높아지고 동시에 구매욕도 생긴다.

실제로 세심한 데까지 신경 쓰는 매장들은 점원들에게 그렇게 행동하도록 지도한다.

4

아이와의 소통이 필요하다

★★★
자신감이 있는 사람은 '나라면 당연히 할 수 있다'고
생각하고 있기 때문에 작은 일에 쉽게 포기하지 않는다.
자녀에게 자신감을 되찾는 말을 자주 하고
자녀를 인정해 주며 성공적인 경험을 반복하게 도와주기를 권한다.

Q&A 형식으로 들여다보는
우리 아이 심리 상태

Q 아이가 입만 열면 불만투성이다. 부모 입장에서 대화하기 꺼려진다. 아이가 자신에게도 책임이 있음을 느꼈으면 한다. 어떻게 하면 좋을까?

A 아이가 본인 잘못은 뒷전이고 모든 책임을 부모에게 전가하는 상황은 부모 입장에서는 짜증스럽기만 하다. 불만 때문에 고민하고 방황할 시간에 스스로 개선할 수 있는 부분을 찾아 노력하는 게 애 입장에서 훨씬 나은 선택일 것이다. 그러나 '부모에게 불만만 말하는 자녀'는 어떤 심리 상태이기에 그러는지 부모가 먼저 생각해 보는 것은 어떨까?

- 하고 싶은 일이 뜻대로 되지 않아서 스트레스를 받는다. 우선 대부분의 자녀들이 이러한 심리 상태이다. 본인이 하고자 하는 일이 순조롭게 진행된다면 부모를 원망할 필요도 없다. 지금 자녀 스스로가 괴로운 상태이다.
- 부모에게 어리광을 피우고 있다. 부모에게 의지하고 싶은 마음이다.

부모에게 무언가를 말해도 헛수고라고 느끼는 자녀는 불만을 말하려고도 하지 않는다. 적어도 연결고리를 갖고 싶다는 심정이다. 바꿔 말하면 '내가 곤란하다는 것을 알아주세요', '도와주세요' 라는 표현이기도 하다.

항상 불만만 토로하는 상태는 여러 가지 상황에 스트레스를 느껴서 도와달라는 뜻이라고 생각하자. '부모님이 나를 알아주시길 원한다' '부모님과 대화를 나누고 싶다' 는 것이다.

〈대응 방식〉
- 자녀가 말하는 것을 부정하지 말고 이야기를 끝까지 듣는 자세를 보여준다.
- 자녀가 과거 일을 일일이 따질 때는 공감하면서 사과한다.

겉으로 생각없이 내뱉는 말에 넘어가지 말자

부모가 스트레스를 주면 자녀는 변명만 늘어놓기 쉽다. '공부하지 않는 것'에 원인은 없다. 자녀가 스트레스를 느끼기 때문이다.

Q 부모가 지시를 내리면 안 된다고 들었지만 학교를 결석한 상황에서 직접 선생님께 연락하도록 했다. 공부도 중요하지만 사회인으로서의 예절도 반드시 배워야 하지 않을까?

A 공부를 운운하지 않더라도 무단결석은 안 된다. 일반적인 상식으로 봐도 전화 연락을 하도록 지시하는 것은 지극히 자연스럽고 당연하다. 그러나 본인 정서 상태에 따라서는 연락을 하지 않아도 괜찮다. 아니 안 하는 편이 좋은 경우도 있다.
'고베세미나'에서는 학생에 따라서 무단결석을 양해하는 일이 있다.

- 자신감이 없어서 정신적으로 조금 불안정한 상태이다.
- 수업을 듣지 않으면 안 된다는 강한 의무감이 있다.
- 정신적으로 '학교에 꼭 가야 한다'는 강한 압박이 있다.

이런 식으로 느끼는 학생들의 경우는 '꼭 해야 한다'는 의무감이 지나치게 강해서 그 자체가 스트레스를 주는 경우가 있다.

정서적으로 불안정한 상태에서 결석한다는 전화를 해야 하는 일은 굉장한 스트레스이다. 결석하는 이유를 말하기 어려울 뿐만 아니라 표현도 쉽지 않다. 일반적인 말로는 '가고 싶지 않다', '갈 마음이 없다'일 것이다. 참으로 말하기 어려울 것이다.

덧붙여 '고베세미나'에서는 결석한 학생들에게 절대 결석하는 이유를 묻지 않는다. 가끔 결석한 학생들이 "오늘은 피곤하니깐 안 가

무단결석

자녀가 자신감이 있고 목표가 명확하고 논리적으로 행동할 수 있으면 결석은 하지 않을 것이다. 15세가 넘은 자녀가 건강 이외의 이유로 결석하는 것은 '다른 이유의 스트레스'가 원인이라는 점을 이해해 주자.

려고요", "전화도 하기 곤란하니 앞으로는 안 할게요", "나중에 갈 수 있으면 다시 연락드릴게요"라고 말하면 "그렇게 진심을 털어놔 줘서 고마워. 용기가 있구나!"라는 식으로 학생들에게 말한다.

　수업, 모의고사, 면담이 있는데 반드시 나가야 되나? 가끔씩 수업을 빠져도 될까? 이런 문제들은 대답하기가 상당히 어렵다.

　수업에 참석하면서 스트레스를 받지 않고 수업 내용을 잘 이해해 성적이 오르면 '학습 효과가 있구나!', '보람 있다'라고 느끼면서 누구나 착실히 수업을 들을 것이다. 반복되는 무단결석은 학생이 무언가에 스트레스를 받는 상태라는 것을 알려준다. 공부는 그럭저럭 하겠는데 사람에게 스트레스를 느끼고 있을지도 모른다. 혹 아침에 일찍 일어나서 지각하지 말아야 된다는 것에 스트레스를 느끼고 있을 수도 있다. 다른 과목보다 떨어지는 과목이 있었는데 한 번 쉬고 왔더니 오히려 더 모르게 되어 스트레스를 받고 있을지도 모른다.

　그런 상태에서 수업에 참석하지 않은 것만을 거론해서 '학교 좀 쉬지 마'라든가 '내일은 갈 거니?'라고 묻는 것은 스트레스를 더하는 질문이다. '학교에 가기 싫으면 선생님께 전화를 하렴'이라고 말하는 것도 스트레스를 증가시킬 뿐이다. 정말 몸 상태가 좋지 않아서 쉬는 것이라면 가만히 두어도 알아서 전화할 것이다.

Q 모의고사를 보는 게 입시 공부에 도움이 될 것 같은데, 모의고사를 보라고 말해도 될까?

A 모의고사는 다음과 같은 학생이 보는 게 좋다.

- 지망하는 학교를 확실히 정했다.
- 지망하는 학교와 지금의 학력이 많이 차이나지 않는다.
- '하면 된다'는 자신감을 갖고 있다.

모의고사에서 일정한 점수를 받기 위해서 '완성품에 가까운 학력'이 필요하다. 영어의 경우는 '단어를 2,000개 정도는 바로 대답할 수 있는 수준으로 외웠다', '문장 독해력이 고급 수준이다', '장문을 사전 없이 읽는 연습을 1개월 반 정도 지속했다'라는 수준이 아니면 모의고사를 보는 의미가 없다.

이런 상태가 아닌 사람이 모의고사를 치르면 어떤 상황이 벌어질까? 시험 시작을 알리는 구령과 함께 시험지를 펼쳤다. '영어밖에 안 보이네. 어렵겠다'고 느낀다. 조금 읽어봐도 '뭐라고 하는 건지 통 모르겠네' 이 순간 긴장감과 동기 부여가 크게 떨어진다. 모의시험이기에 도중에 나갈 수 없다. 포기하고 시간이 지나기만을 참고 기다릴 수밖에 없다.

수험 카드에는 지망하는 학교를 써야 한다. 이것은 꽤 어려운 작업이다. 예전과는 달리 입시 일정은 상당히 복잡해졌다. 이 순간에도 잡념이 떠오른다. '이렇게 모르는데 이 학교를 지망한다고 쓰면 부끄럽지 않을까?', '모의고사 점수가 지망 학교 점수랑 큰 차이가 나면 창피해' 라는 생각이 들면서 지망 학교 쓰는 것을 선뜻 하지 못한다.

한 달 정도가 지나서 성적표를 받으면 더욱 좌절한다. 성적을 보고 위축되기 때문에 사실상 보지 않는 편이 낫다.

그런데 왜 모의고사를 보는 것이냐는 질문을 받으면 모의고사를 보는 것이 나은 사람이 존재하기 때문이라고 대답한다. "단순한 연습으로 점수나 결과는 신경 쓰지 말고 시험보세요"라고 말하고 있지만 기본적으로는 보지 않는 게 나은 사람이 과반수이다.

모의고사의 장단점

일정 수준의 실력이 붙지 않은 상태에서 모의고사를 치르면 공부할 마음이 싹 사라진다.

Q 자녀가 수준 높은 명문대학을 지망한다. 노력도 많이 하지 않고 학력도 따라가지 못한다. 지망하는 학교를 바꿔서 좀 더 현실적인 학교를 정하라고 말하면 안 될까?

A 동기부여를 높이는 방법 중 하나는 구체적인 목표를 정하는 것이다. 간호사가 되고 싶다, 의사가 되고 싶다, 심리상담사가 되고 싶다, 변호사가 되고 싶다 등 직업 목표를 만든다. 대학교에서 미식축구를 해 보고 싶다, 대학교에서 캠퍼스 분위기를 만끽하고 싶다는 등 구체적인 목표가 매우 중요하다.

중요한 것은 '목표가 생긴다'는 사실이다. 구체적인 목표를 통해 학습 의욕은 향상된다. 그런데 '의대를 가는 것은 무리야', '심리상담사를 해서는 밥 굶기 십상이야' 등 모처럼 정한 구체적인 목표를 무시하게 되면 기껏 향상된 학습 의욕마저 상실한다.

'부모님 때문에 지망하는 학교를 바꿨어!'라고 말하면서 공부에 흥미를 잃는 학생도 많이 봤다. '목표를 가지고 있는 것 자체가 긍정적'이라고 생각하고, 자녀가 지망하는 학교를 부정하지 않는 게 좋다.

구체적인 목표가 정해졌다는 것 자체가 자녀에게 큰 자신감을 준다. 내용(지원 학교)에는 관여하지 말고 목표가 있는 것 자체를 긍정적으로 바라봐 주자.

금지

Q 자녀가 명문대학을 목표로 열심히 노력하고 있는데 좀처럼 성적이 오르지 않아서 불안해한다. 지원 학교 수준을 낮추라고 조언하고 싶다.

A 예를 들어 부모님은 아무 말도 하지 않았는데 본인이 국립 의대를 목표로 하고 있다. 부모님으로서는 '그렇게 무리하지 않았으면 좋겠다', '사립 의대를 가더라도 경제적인 문제 정도는 해결해 줄 수 있다'라고 전하고 싶다.

편안한 마음으로 공부할 수 있도록 도와주고 싶은 심정으로 말이다. 그러나 이 말을 자녀는 어떻게 들을까? '너에게는 도저히 무리다'라고 말하는 것처럼 들린다.

"어느 학교라도 엄마는 상관없다."

"대학을 가지 않아도 괜찮아."

이것은 명문대학은 물론 대학 입학을 포기하라는 것으로 들리기도 한다. '긍정'이 아닌 '부정'의 메시지이다. 부모님 입장에서 목표를 변경하라는 메시지는 절대 하지 말아야 한다.

Q 성적도 좋지 않고 노력도 제대로 안 하는 자녀가 현실적으로 입학하기 어려운 Y대를 지망한다. 'Y대 정말 좋은 학교지'라고 긍정적으로 말하는 것이 좋을까?

A 지망하는 학교를 정한 것 자체가 좋은 일이다. 따라서 아무리 높은 목표라고 하더라도 긍정적인 반응을 보여주자.

긍정해야 할 부분

특정 학교명은 거론하지 않는 편이 좋다.

단 여기서 지망하는 학교 자체(Y대)를 긍정하지 말고 구체적으로 지망 학교를 정했다는 것을 긍정해 주는 것이 중요하다.

"Y대는 아버지의 모교이기도 하잖아. 아버지가 분명 기뻐하실 거야"가 아니라,

"목표가 정해져서 참 좋다. 네가 진지한 마음으로 임한다면 어떤 대학이라도 합격할 수 있어"라는 식으로 Y대는 직접적으로 거론하지 않는 게 좋다. 목표를 정한 것은 어디까지나 자녀 자신이다. 대학은 어디라도 상관없다. Y대를 긍정하면 다른 대학은 별로라는 인상이 더해지는 등 자녀는 부모가 개입하고 있다고 생각해버린다.

Q 쉬는 날은 항상 TV를 보거나 게임을 하면서 온종일 빈둥거린다. 도대체 대학에 진학할 마음이 있기는 한 것인지 물어보고 싶다.

A "어떻게 생각하고 있는지 본인에게 직접 물어보고 싶다"가 대부분 부모들의 심정이다. 여기서 '묻다'라는 의미를 생각해 보자.

'무언가에 대해서 강한 의지나 의도를 가지고 앞으로의 계획을 짠다.'

'자신의 인생이나 장래에 대해서 심각하게 고민한다.'

'스스로의 행동에 대해서 논리적인 구상을 세운다.'

혹시 자녀가 하나라도 해당한다면 원하는 대답을 들을 수 있다. 그러나 이런 고교생이나 수험생은 거의 없다.

어쩌려고 그러니?

여성의류 매장 점원을 떠올려보자.

장을 보러갔다가 세일한다는 포스터에 이끌려 잠시 들렀을 뿐인데 "무엇을 찾으세요?"라는 질문을 받는 것과 똑같다. 이런 질문은 "뭐 하러 온 거지? 어차피 옷을 살 것 같지도 않은데 말이야"라는 메시지로 들리기 쉽다.

"입시 공부는 어떻게 할 생각이니?" "정말로 대학에 갈 마음은 있니?"라고 부모님이 묻는 것은 "TV나 보지 말고 가서 공부 좀 해!"라고 말하는 것과 같다.

점원이 "무엇을 찾으세요?"라고 물으면 겉치레로 웃으면서 매장을 나오듯이 자녀는 "나도 알고 있어!" 하면서 불쾌해 하면서 거실을 나갈 가능성이 크다.

대개 질문하는 것은 공부하라고 스트레스를 주는 일이 되는 경우가 많다.

Q 학교 가는 척 하더니 사실은 안 갔다! 용서할 수 없다! 부모를 속이고 거짓말만 한다. 아이를 추궁할 수밖에 없다. 어떻게 해야 할까?

A 가정에서 스트레스가 많은 전형적인 경우이다. 학교(혹은 학원)에서 스트레스를 받는다. 그러나 집에 있으면 이것저것 질문을 받아 더 스트레스를 느끼는 학생들이 이러한 행동을 한다.

이럴 때는 계속 추궁을 해도 전혀 효과가 없다. '자녀의 행동은 부

거짓말만 하는 자녀

15세가 넘은 자녀들에게 이런 문제를 계속 추궁하듯 물으면 상황은 더 나빠진다.

모의 성적표'라고 생각하자. 위기는 오히려 절호의 기회라고 생각하라. 우선 긍정적으로 대하는 것이 중요하다. '부모님의 사과' 부터 시작하는 것이 좋다.

"엄마는 그럴 생각이 없었는데, 너한테 너무 많은 스트레스를 줬나보네. 미안하다."

"그런 스트레스를 받으면 집에서 폭력을 휘두르거나 집에 틀어박히는 애들도 많다더라. 이렇게 잘 지내줘서 다행이야. 고마워."

이렇게 대화를 나누고 나면 자녀의 행동은 긍정적으로 변한다. 또 진심을 나누게 되면서 관계가 크게 개선된다.

Q 공부는 어떻든 간에 생활습관이 제멋대로이다. 주의를 주지 않아도 될까?

A 공부에 관해서는 웬만하면 잔소리를 하지 않으려고 하지만 "아침 일찍 일어나" "빨리 밥 먹어라" "목욕 좀 해"라는 잔소리는 한다. 하지만 자녀도 이제는 필요할 때에 필요한 것을 할 줄 아는 나이가 되었다. 어머니가 '반드시 이렇게 해야 한다!'라고 생각하는 것이 자녀에게는 스트레스가 되기 일쑤다. 목욕을 하지 않는다고 죽는 것은 아니다.

생활 습관

공부나 진로와는 상관없이 생활습관을 꼼꼼하게 간섭하는 것도 스트레스가 되는 경우가 종종 있다.

Q 출장 가서 합격을 기원하는 부적을 사왔다. 자녀에게 주고 싶은데 부적 정도는 괜찮지 않을까?

A 이것은 매우 강렬한 메시지로 인식될 가능성이 높다. 특히 아버지가 수준 높은 대학을 졸업하고 자녀의 진학에 대단한 관심을 가지고 있다는 것을 본인이 인식하고 있는 경우는 상당한 스트레스가 될 것이다.

'제대로 해', 'ㅇㅇ대학에 가거라'라고 말하는 것과 같다. 공부에 스트레스를 느끼는 사람, 자신감이 없는 사람에게는 상당히 격렬한 메시지가 될 수 있으므로 주의해야 한다. 또 부적을 건네는 사람과의 관계성도 중요하다. 완전한 제3자나 친척분이라면 그다지 문제가 되지는 않는다. 그러나 최근 명문대학에 합격한 사촌과 비교당해 스트레스를 받고 있는 입시생이 있다고 치자. 그 사촌형의 부친인 큰아버지가 부적을 선물했다면? '입시 전쟁은 끝!'이라고 생각하시라. 부적을 받은 사람은 부적을 주는 사람의 순수한 마음을 불쾌하게 받아들인다.

작은 기념 부적하나로도 본인의 심리 상태나 관계성에 따라 강한 메시지를 줄 수 있다는 것을 염두에 두기 바란다.

합격을 기원하는 부적

여성의류 매장 점원의 두 번째 경우와 비슷하다.

Q 사회에 나가면 스트레스의 연속이다. 압박감을 이겨낼 수 있는 인간으로 키우고 싶다. 좋은 말만 해 주는 게 능사는 아니지 않을까?

A 아빠 사자는 자기 자식을 헤아릴 수 없이 깊은 계곡으로 떨어뜨린다고 한다. 스트레스를 견디고 압박감을 극복할 수 있는 강한 사자가 되기를 원하기 때문이다.

압박감을 이겨내는 강한 인간으로 키우고 싶다는 부모님의 의견에 전적으로 동의한다. 그러기 위해서는 어떻게 하면 좋을까? 지속적으로 압박한다면 자녀가 견뎌낼 수 있을까?

도대체 정신적인 압박이라는 것은 어떤 것일까? '압박에 약한 인간'은 어떤 타입의 인간일까? '실패가 무섭다', '승부를 피한다', '벅찬 일을 감당 못해서 결과가 나쁘다' 등의 상태일 것이다.

실패를 두려워하지 않고 승부를 펼친다. 지겹고 하기 싫은 일을 피하지 않고 꾸준히 준비해서 결국 목표를 달성하는 사람 대부분의 학부모는 자녀가 장래 이런 인간이 되었으면 좋겠다고 생각한다.

이와 같은 사람이 되기 위해 필요한 것은 자신감이다.

자신감이 있는 사람은 실패했을 때 '내가 해내지 못할 리가 없다', '다음에는 성공할 것이다' 라고 생각하며 도전한다. 하지만 자신감이 없는 사람이 실패하면 '나에게는 무리다. 포기하자' 라고 생각하며 타인의 평가에 신경 쓰기 때문에, 나쁜 결과에 스트레스를 받기 쉽다. 결과가 걱정돼 승부를 피하는 경향도 생긴다.

또 자신감이 없으면 '아무리 열심히 해도 잘 될 리가 없어' 라고

반짝거리는 자녀로

'나라면 무엇이든 할 수 있다', '실패해도 부모님은 내편이시다' 라는 마음가짐이 가장 중요하다.

생각하는 일이 많기 때문에 포기하고 도망치는 일이 늘어난다. 반면 자신감이 있는 사람은 '나라면 당연히 할 수 있다'고 생각하고 있기 때문에 작은 일에 쉽게 포기하지 않는다.

  자녀에게 자신감을 되찾는 말을 자주 하고 자녀를 인정해 주며 성공적인 경험을 반복하게 도와주기를 권한다.

5

아이의 자존감을 높이는 언어사용설명서

★★★
'괜찮겠니?' 라는 것은 불안의 암시이다.
'너는 앞으로 이렇게 될 것이다', '이대로는 장래 아무 것도 못한다',
'제대로 살아갈 수 없다' 이런 이야기를 듣는다면
누구도 힘이 나지 않을 것이고 열심히 하려는 마음도 사라질 것이다.

자존감을 높이고 스스로
공부하게 만드는 대화법

가정에서 일상적으로 이루어지는 부모와 자녀 사이의 대화(자칫 부모의 일방적인 대화로 끝날 우려도 있지만 말이다)를 다룬다. 스트레스를 줄여주고 자신감을 갖게 하는 대화는 어떤 것인지 구체적으로 제안하고자 한다.

1. 열심히 해!

〈예문〉 "고3 여름방학은 수험생 모두가 본격적으로 입시 공부에 매진할 때야. 너도 TV만 보지 말고 이제는 좀 열심히 공부해야 되지 않겠니?"

수험생 부모 중에서 '힘내라', '공부하라'라고 말하지 않는 사람은 정말 소수이다.

이 책의 제2장을 복습한다.

10세까지는 '열심히 해', '공부 좀 해'라는 말이 어느 정도 효과가 있다. 그러나 15세가 넘은 고등학생들이 부모 말을 들을 것이라는 기대는 하지 않는 것이 좋다. 부모라면 '좀 더 열심히 공부했으면 좋겠다', '결과는 어쨌든 노력하지 않으면 후회가 남으니까 무엇이라도 하게 해 주고 싶다'고 생각할 것이다. 그런 아쉬운 마음으로 지금 이 책을 읽고 있을 것이다.

그러나 '공부 좀 해' 라고 말했다고 자녀의 행동이 변하지는 않는다. 그 말을 듣고 거실에서 빈둥거리지 않고 방으로 도망가는 정도의 변화는 생겼을 것이다.

'열심히 해', '공부해' 라는 말은 오히려 강한 부정에 가깝다. '지금은 열심히 하고 있지 않네', '당연히 해야 하는 공부를 하지 않는네'라는 메시지가 된다. 자녀에게 이런 표현을 지속적으로 반복한다면 다음과 같은 현상이 일어난다.

❀ 부모 자식 사이의 관계가 악화되고 가정에서 스트레스가 늘어나면

- 대답을 하지 않는다.
- 부모님과의 접촉을 피한다. 방에서 나오지 않는다.
- 귀가시간이 늦어진다.
- 학원이나 학교에 가는 척만 하고 실제로는 가지 않는다.

🌸 공부에 대한 부정적 이미지 증가하면

- 잔소리를 듣기 싫어서 공부를 하기는 하지만 속으로는 지겹다고 생각하며 겉핥기식 공부를 하기 때문에 학습 효과가 전혀 없다.
- 스스로 효과적인 공부 방법을 고심하거나 생각하지 않는다. 편하게 공부(노트 정리, 단순 암기, 잘하는 과목만 대충 하는 것)하려는 버릇이 생긴다.
- 사고력을 키우는 공부는 일체 하지 않는다. 항상 '부모님께 어떤 잔소리를 듣게 될까?'에 관심이 쏠리기 때문에 부모님의 감시가 없는 곳에서는 절대 공부하지 않는다.

서투른 부모의 자녀교육

당연한 것을 듣는 것은 불쾌하다. 또 다음에는 '공부 좀 제대로 해'라는 말을 듣게 될 것이라고 예측하게 만든다.

예상이 빗나가는 말을 들으면 자녀는 의외라고 느낀다. 그것이 불쾌한 내용이 아닌 한 앞으로는 어떻게 해야 할지 생각하게 하는 방향으로 의식이 움직인다.

'가정에서 받는 스트레스를 낮춰준다', '공부에 대한 스트레스를 낮춰준다'가 목표이다. 지시, 강제(즉 본인을 부정적으로 보는 언어 사용)는 당연히 스트레스를 높여준다.

방침은 간단하다! 긍정해주어야 한다.

'우리 아들은 전혀 공부를 하지 않아', '이렇게 얼렁뚱땅 대충하는 애한테 긍정할 부분이란 것이 있을까?'라고 생각하는 부모에게는 부탁이 있다.

'긍정 가능한 부분', '좋은 점'을 찾아보라. 이웃들에게 인사를 잘하는 점, 배려심이 있는 점도 좋다. 열정적으로 동아리 활동을 한다든가 식사 후 그릇을 싱크대로 옮겨준다든가 하는 뭐라도 하나쯤은 좋은 점이 있을 것이다.

'부모님 말씀을 듣지 않는다'는 점도 '자립하려고 노력한다', '자기 나름의 주장이 있다'는 증거라고 볼 수 있다. '열심히 해', '공부해라' 등 스트레스를 주는 것보다는 '너는 열심히 하고 있다'고 말해주는 편이 스스로 생각할 기회를 넓혀주는 방법이다.

> **추신 칼럼 / "열심히 하세요"가 자신감을 잃게 한다**
>
> 우울한 사람에게 "열심히 하세요"라고 말하는 것이 좋지 않다는 것은 대부분의 사람들이 안다. 자신감이 없는 사람에게도 "열심히 하세요"라는 말은 하지 않는 것이 좋다.
> "모두들 열심히 하고 있으니 당신도 열심히 하세요"라는 말을 들으면 '모두가 할 수 있는 것이 나에게는 불가능하구나!'라는 생각이 들면서 자신감을 한층 더 잃게 된다.
> 덧붙여 자신감과 객관적인 학력은 어느 정도 상관관계가 있지만 우수한 성적을 가지고 있어도 자신감이 없는 수험생이 있기에 일방적으로 단정 짓지 않는 것이 좋다.

2. 괜찮겠니?

〈예문〉 "수험생이면서 그렇게 태평하게 공부해서 괜찮겠니?"

'괜찮겠니?' 이것은 불안을 부채질하는 표현이다. 이 말은 대부분 다음과 같은 상황에서 하게 될 것이다.

부모님이나 선생님 등 관리자 입장의 사람이 노력이 부족하거나 의식이 낮은 수험생에게 '내 경험상 요즈음 너 하는 거 보면 입시에서 분명 실패할 게 뻔하다. 이대로는 안 된다! 괜찮지 않다! 이런 사실을 알고는 있냐?'라는 취지로 발언한다.

고베세미나에서는 '괜찮겠니? = 괜찮지 않다 = 불안을 부채질하는 언어'라고 정의한다. 인간은 '암시'에 크게 영향을 받는다. 하루는 아파트 옥상에서 캔 커피를 마시면서 쉬고 있는데 3~4세 정도의 아이 둘이 놀고 있었다. 아이들은 높은 곳에 올라가기도 하면서 신나게 주변을 뛰어다녔다. 뒤에 있던 아이 엄마가 위험하지는 않은지 주변을 살피면서 "떨어지지 않게 조심해!" "꼭 잡고 있어!" 하면서 말을 걸었다.

굉장하다고 느꼈다. 이 엄마는 어쩌면 자녀 교육 전문가일지도 모른다. 길에서 자주 듣는 말은 "위험하니까 하지 마!", "넘어진다!" "떨어지면 어쩌려고!"라는 표현이다. 이런 표현은 부정적인 암시가 된다. 떨어진다는 말을 들으면 떨어질 것 같은 기분이 든다. "떨어지지 않게 조심해!", "꼭 잡고 있어!"라는 말은 부정적인 암시를 주지 않으면서 떨어지지 않는 방법을 생각하게 한다. 언어는 그 자체가 암시를 담고 있다.

대화를 통해 가능한 한 긍정적인 암시를 주자.

'너는 고등학교 입시 때도 그랬었다' 등 과거의 실패를 떠올리게 해서 강조하는 것은 전형적인 부정적 암시이다. 절대 말하지 않는 것이 좋다. '이번에는 잘할 수 있도록 과거의 실패를 교훈으로 삼도록 해라'

라는 보호자 마음은 충분히 이해한다. 어떤 분야에서 성공한 사람이나 스포츠 강팀 선수들은 패배를 거울삼아 열심히 한다는 말을 자주 한다. 그러나 이러한 미담은 어디서 들을 수 있었는가? 구성원이 몇 되지 않은 평범한 동아리 활동에서 들은 적이 있는가? TV나 신문에서 말하는 전국대회 수준에 출전하는 팀이나 선수 이야기는 아닌가?

적어도 본인의 지금 상황이 ① 자신감이 있다 ② 목표가 분명하다 의 두 가지 조건을 갖추지 않은 상태에서 과거의 실패를 떠올리는 것은 자신감을 한층 더 상실하게 만드는 일이 된다. (제3장의 2 참조)

가능한 한 잘했던 점을 떠올리게 하자. 더불어 앞으로 잘될 거라고 말해 준다. 자녀의 미래가 잘될 것이라는 긍정적 암시를 항상 말한다. 그리고 부모님 또한 긍정적 암시를 믿으려고 노력한다.

'괜찮겠니?'라는 것은 불안의 암시이다. '너는 앞으로 이렇게 될 것이다', '이대로는 장래 아무 것도 못한다', '제대로 살아갈 수 없다' 이런 이야기를 듣는다면 누구도 힘이 나지 않을 것이고 열심히 하려는 마음도 사라질 것이다.

> **언어사용설명서**
> "괜찮겠니?"라고 말하고 싶으면 "괜찮단다"라고 말해준다.

고3 아들이 6월에 모의고사 성적을 보여줬다. 지망한 대학교가 전부 불합격 처리되어 있었다. 주중에는 매일 동아리 활동으로 늦게 집에 들어오고 집에서는 거의 공부하지 않는다. 주말에도 동아리 연습 핑계로 친구들과 논다. 어머니는 현기증을 느낄 정도로 불안한 나머지 무심코 "너! 정말 이런 상태로 괜찮겠니?"라고 말하게 되었다.

여기서 잠깐! 말하기 전에 생각할 여유를 가지고 말해주었으면 한다.

"네가 진지하게 임한다면 앞으로 괜찮을 거야."

"동아리 활동을 열심히 하고 있으니 엄마는 기쁘단다."

'긍정한다'와 동시에 '신뢰한다', '부모님은 개입하지 않는다'는 메시지를 전해보자.

"괜찮니?"

'괜찮겠니?'라는 질문은 강한 부정의 표현이다.

"괜찮아!"

'괜찮아'라고 말을 거는 편이 '왜 괜찮다는 거지?' 하면서 자녀에게 스스로 생각할 기회를 준다.

말뿐만 아니라 표정이나 분위기 또한 매우 중요하다.
"괜찮겠니?"라고 말하면서 얼굴을 살핀다거나 불안한 듯 허둥대면 부정적인 메시지가 되어 버린다. (여성의류 매장 점원 ②) 정말로 신뢰하는 마음을 표현해야 한다.

한순간만 넘어가려는 듯 '괜찮단다'라고 말해도 부자연스럽다.
평소부터 정말로 '긍정한다', '신뢰한다', '우리 아이라면 괜찮다'라고 스스로 대뇌이면서 살아가자. 그것이 스트레스를 큰 폭으로 낮춰줄 것이다.

> **추신 칼럼** / 부정적인 것을 추상적으로 말하지 않는다
>
> 상담하러 오는 학부모 중에는 자녀의 상태를 '공부할 마음이 없다', '집중력이 없다', '변덕이 심하고 변명이 많다'라고 표현하는 경우가 많다. 어머니의 불안한 마음은 전달되지만 그렇게 표현하는 것은 좋지 않다. 게다가 자녀 앞에서 하는 것은 절대로 피해야 한다.
> 조금 어렵겠지만 상황을 세세하고 구체적으로 표현하라고 권한다. '공부할 마음이 없다'라는 표현을 '지망하는 학교도 정했지만 공부를 열심히 하지 않는다'라는 표현으로 바꿔 말하는 것이다.
> 추상적이고 부정적인 표현은 '평가받다', '낙인찍히다'로 인식되는 경향이 있어서 그냥 거기서 '끝장'이라는 생각에 불쾌한 기분까지 던져준다.
> 구체적으로 표현하면 "그거 참 난감한 문제네요. 어떻게 하면 좋을까요?"라고 이야기하면서 함께 생각할 수 있는 분위기를 형성한다. 작은 표현부터 조금씩 태도를 바꿨으면 좋겠다.

3. 확실히 말해

〈예문〉 "대학에 진학할 생각이니? 전문대학을 생각하고 있니? 이제 좀 확실히 말해봐."

자녀가 명문대학을 목표로 한다고 말한다. 그런 목표 자체는 부모 마음에도 들 것이다. 그런데 노력을 전혀 하지 않는다. 그 모습에 조바심이 난다. 아쉬운 대로 비교적 쉬운 대학에 간다든가 전문대학에 진학하든가 한다면 그건 그대로 자신의 인생이니까 상관하지 않을 것이다. 그런데 명문대학에 간다고 말은 하면서 공부를 거의 하지 않는 것은 이상하다. 납득할 수 없다. 자녀에게 분명한 이야기를 듣고 싶다.

수험생 부모 중 이렇게 느끼는 사람이 많을 것이다. 당연하다.

위와 같은 수험생 심리 상태를 분석해 보면,

- 갈 수만 있다면 명문대학에 가고 싶다. 꼭 가고 싶다.
- 그러나 공부에 스트레스를 느끼고 있으며 그다지 집중을 못한다.
- 목표하는 대학에 가려면 좀 더 공부를 열심히 해야 한다는 것은 알고 있다. 이대로 합격할 수 있으리라고는 생각하지 않는다.
- 자신에게는 무리일지도 모른다고 막연하게 생각하는 중이다.
- 그래도 갈 수만 있다면 가고 싶다.

이런 느낌이다.

'공부는 열심히 해야 하는데 해야 할 공부가 벅차게 느껴진다.' (학습에 대한 스트레스가 높다.)

'가고 싶지만 반쯤 포기하고 있다.' (자신이 없다.)

어머니에게 적합한 상황으로 비유를 들어보자.

굉장히 마음에 드는 옷을 매장에서 발견했지만 무려 35만 원이나 하는 것을 보고 조금 당황했다. 다음에 보러 갔더니 20% 할인을 하고 있었다. 그러나 할인을 해도 28만 원으로 여전히 부담이 되는 가격이었기 때문에 사지 않기로 거의 마음을 굳혔다. 이런 심리와 닮아 있다.

'가계에 여유도 없는데 이런 옷을 사기 어렵다' (지출에 대한 스트레스가 높다.)

'사고 싶기는 하지만 반쯤 포기했다' (사고 나서 후회하지 않을까?)

이런 때에 "살 것인지 말 것인지 확실하게 말해주세요"라고 결정을 재촉 받는다면 어떻게 될까?

'그럼 사지 말자'라고 결정한다. 이 상황에서 구입을 유도하려면 어떻게 해야 할까?

첫째는 지출에 대한 스트레스를 낮추는 경우이다.
- 조금 더 기다리면 가격이 더 내려갈지도 모른다.
- 복권 당첨으로 50만원이 생겼다.

등이 일어나면 구입하게 될 것이다.

또 다른 하나는 '나에게 너무 잘 어울리는 옷이다', '너무 멋진 옷이다'라고 확신을 갖게 하는 것이다. 점원에게 "너무 잘 어울리세요"라는 칭찬을 들으면 (그것이 인사말이라는 것을 알아도) 기분이 좋아져서 구입할 수도 있다. 입시 공부도 비슷한 구조이다.

학업 스트레스를 낮추는 언어와 자신감을 높여주는 긍정적인 언어 사용이 핵심이다.

"고객님처럼 멋진 여성에게는 조금 고가이긴 해도 이런 옷이 어울리세요"라는 느낌의 긍정적인 언어를 들으면 기분도 좋아지고 옷도 구입하게 된다.

고베세미나에서는 학생들에게 이렇게 말한다.

"네가 맘먹고 공부하면 분명 ○○대학교에 합격할 수 있을 거야."

"당신은 ○○대학이 맞는다고 생각해요."

"우선 영어 단어를 확실하게 외우면 가능성이 단숨에 올라갈 것입니다."

"○○대학을 목표로 한다면 열심히 공부해야 합니다"라는 표현은 학생들에게 "자네에게는 무리이기 때문에 포기하는 것이 나을 듯하네"라고 전달된다.

여기서도 역시 긍정적인 언어가 중요하다.

언 어 사 용 설 명 서

"확실히 말해!"라고 말하고 싶으면 "너라면 (명문대학에) 합격할 수 있을 거야"라고 말해준다.

"확실히 말해!"

분명히 말해라 ⇒ 이제는 포기해라

공부에 자신이 없는 사람에게 "어떻게 할 생각이니?" "분명히 말해 봐"라는 질문은 '어중간한 상태면 포기해라'라는 메시지로 들린다. 자녀가 자신감이 넘치는 상태라면 긍정적으로 작용하지만, 자신감이 없다면 반발심에 그만두는 방향으로 바꿀 것이다.

추신 칼럼 / 부모의 공부 지도는 절대 금지!

고베세미나 교원 및 심리상담사가 "우선 영어단어를 암기해야 한다"고 말하는 것은 일정한 효과가 있지만 가정에서 부모가 같은 내용을 말하는 것은 권하지 않는다. 학습지도나 입시와 관련된 내용을 부모가 말하는 것은 (그것이 아무리 옳은 방법일지라도) 효과 측면에서는 마이너스다.

이것은 '부모님이 나의 학업에 엄청난 관심을 갖고 계신다', '부모님이 나의 행동을 감시하고 있다', '부모님은 나의 학습 능력과 학업 내용을 장악하고 있다'는 메시지로 인식되어 가정 스트레스와 학업 스트레스를 높이는 요인이 된다. 자녀가 15세 이상이 되면 가정에서 부모가 학습지도를 하는 것은 되도록 피하는 편이 좋다.

"넌 할 수 있어!"

4. 왜 하지 않니?

〈예문〉 "○○대학에 가고 싶다며 왜 공부를 열심히 하지 않니?"

고베세미나에는 학교를 중퇴하고 명문대학을 목표로 하는 학생들이 많이 다니고 있다. 대부분의 학생들은 여러 가지 스트레스로 고통 받는다. 따라서 심리상담사가 학교에 가지 않는 학생들에게 "왜 학교에 가지 않는가?" 문제를 일으킨 학생에게 "왜 그런 일을 했는가?"라고 묻지 않는다. 이유를 논리적으로 설명할 수 있다면 그 누구도 고민하지 않을 것이다.

제3자가 알 수 있는 수준으로 설명이 가능한 단계는 거의 문제가 해결된 상태이다. 일본에서는 고등학교 2학년 남학생이 집에 방화를 저질러 가족 세 명이 사망한 사건이 있었다. '성적이 우수한 아이가 왜!?', '왜 그런 일을 했는가?'에 대한 보도가 있었다. 사람은 강한 스트레스를 받으면 논리적인 행동이 불가능해진다. 너무 극단적인 예라고 생각할지 모르겠다. 그러나 건전하게 보이는 고등학생은 과연 어느 정도로 논리적으로 자각하고 행동하고 있을까?

 나의 고등학생 때를 생각해 보면 고등학교 2학년 이후 야구 연습은 논리적으로 진행되었다고는 생각하지만 학습이라든가 시험 등은 되는 대로 기분으로 행동했었던 기억이 있다.

"왜 하지 않니?"

'부모님은 어떤 대학이라도 좋다고 생각한다. 그러나 본인이 명문대학에 가고 싶다고 말한다. 그러면서도 좀 더 노력하지 않는 것이 이상하다' 라는 생각은 당연하다. 그러나 청소년이 그렇게 논리적으로 행동할 리가 없다. 사리에 맞게 꾸짖어도 긍정적인 효과는 기대할 수 없다.

과연 세상에서 몇 퍼센트의 고등학생이 논리적으로 행동할까?

아버지나 어머니는 어떠했는가? 고등학생 때 논리적으로 생각해서 행동했었가?

"왜 하지 않니?"라고 묻지 않으면

부모가 평소에 늘 하던 말이라서 자녀가 예상하기 쉬운 말보다는 '어라? 왜 그러시지?'라고 예상을 빗나가는 말을 하는 것이 효과적이다. 그렇게 함으로써 자녀에게 "무슨 말이 하고 싶은 거지?"라고 생각하게끔 한다.

물론 일본에서도 수백 명 정도는 사이보그나 컴퓨터처럼 논리적인 고등학생이 있다. 나의 경험상 1,000명 중 한 명 정도일 것이다.

99.9%의 고등학생에게 "왜 하지 않니?"라고 물어봐도 의미가 없다. 논리적으로 행동하는 슈퍼 고등학생은 성인이 볼 때 불안한 행동은 하지 않는다. 따라서 그렇게 말하고 싶어지는 고등학생을 모집단으로 한다면 "왜 하지 않니?"라고 말해서 효과가 있는 고등학생은 결국 0%일 것이다. 즉 무언가 이유가 있어서 공부하지 않는 것이 아니라 그냥 하지 않는 것이다. 논리적이 아니라 정서적인 이유이다. 정서에는 정서로 대응해 보자. 원칙은 간단하다!

- 유쾌한 기분이 드는 분위기와 대화를 유도한다.
- 스트레스를 낮춰준다.
- 치켜세워준다.

기본은 '긍정하자', '가정 내의 스트레스를 줄이자', '즐겁게 만들자' 밖에 없다. 본인 인생임을 자각하게 도와야 한다. 이런 사고방식만이 자신의 무한한 가능성을 높여준다.

언 어 사 용 설 명 서

"왜 공부를 안 하니?"라고 말하고 싶으면 의식적으로 웃는 얼굴을 하고 본인이 즐거워하는 일을 하게 놔둔다.

● 에필로그

30년 전 고교야구 연습에서는
"투수는 어깨를 쉬게 해서는 안 된다."
"연습 중에 물을 마시는 것은 금지다."
"근성 있는 선수가 되기 위해 토끼뜀으로 운동장을 돌아라."
등이 상식으로 통했다.

지금은 이런 비상식적인 말을 하는 지도자는 없다.

이 책에서 이야기하는 것이 자칫 많은 선생님이나 보호자들에게 '비상식적이다', '무슨 말을 하는 거야?' 라는 느낌을 줄지도 모른다. 그러나 방황하는 약 5,000명 학생들을 지도하면서 몇 번이고 쓰디쓴 실패를 반복하는 과정에서 학생들이 보여준 다양한 반응이 쌓여감에 따라 나는 학습의 본질은 마음가짐에 있다는 확신을 하게 되었다.

즉, '공부를 하려는 기분'이 가장 중요한 문제라는 것을 알게 되었다.

학생을 지도한 결과가 좋지 않을 때 학생 탓을 하는 것은 선생으로서 죄책감을 느끼지 않기 위한 가장 손쉬운 방법이다. 그러나 우리가 할 수 있는 더 좋은 방법이 있지 않을까? 그렇게 생각하는 과정에서 '시스템적 접근', '가족치료' 라는 심리학적 방식을 만났다.

이와 함께 '학생의 의욕을 고취하기 위해서는 보호자와의 협력이 불가결하다' 라는 인식에 이르고 가족이 처한 상황에도 깊이 공감했다. 지금은 학습 환경을 정리하고자 할 때 가장 중요한 것은 보호자의 협력이라는 확고한 결론에 이르렀다.

10년 후에는 삭막한 입시 경쟁의 세계에서도 '15세 이상의 자녀에게 공부하라는 부모는 한 명도 없다' 라는 보고서가 등장하면 얼마나 좋을까라는 즐거운 상상을 펼쳐본다.

본서를 출판하면서 마나비링크(學びリンク) 주식회사, 급소를 정확히 짚어주는 멋진 일러스트를 그려 주신 유무라 케이코(湯村圭子) 씨께 감사를 전한다. 또 '자녀교육', '가족의 사고방식'에 대해서 여러 가지 가르침을 주신 과거부터 현재까지 고베세미나 모든 학생들과 그 가족들에게도 진심어린 감사를 보낸다.

덧붙여 내 자신에게 다양한 깨달음과 힌트를 주신 어머니 키미코, 아내 치에, 개구쟁이 외동딸 미온에게도 사랑과 감사의 마음을 전한다.

우리 아이는 왜 공부를 안 할까요?
자존감을 높이고 스스로 공부하게 하는 소통의 대화법

초판 1쇄 발행 | 2011년 12월 20일

지은이 | 키타 테츠토
그 림 | 유무라 케이코
옮긴이 | 유경
펴낸이 | 임정은
디자인 | NAMIJIN DESIGN
인 쇄 | 영진문원

펴낸곳 | (주)SJ소울
등 록 | 2008년 10월 29일 제2010-000015호
주 소 | 경기도 성남시 분당구 야탑동 211-3 근린상가 211호
전 화 | 031-701-3167
팩 스 | 0505-489-3168
이메일 | soulpub@naver.com

ISBN | 978-89-94199-16-0 13590
값 | 10,000원

• 잘못된 책은 바꾸어 드립니다.